グローバリズムの終焉

「日本再発見」講座Ⅱ

元駐ウクライナ大使
馬渕睦夫
Mabuchi Mutsuo

まえがき　〜「グローバリズム」はなぜ敗北したのか

英米での「グローバリズム」の勝利

「2016年は世界史的な事件が起こった年だった――」と、将来、歴史家は回想することになるでしょう。

それは言うまでもなく、アメリカの大統領選挙でドナルド・トランプ候補が勝利したことであり、イギリスが国民投票でEU脱退を決めたことです。つまり、世界的な規模での「グローバリズム」と「ナショナリズム」の戦いにおいて、アメリカとイギリスでナショナリズムが勝利したという、世界史的な意義を持つ事件があったのです。

しかし、この事件が持つ意義をどうしても認められない人たちがいます。それは、依然としてアメリカにもヨーロッパにも、そして日本にもいます。そういう人たちはまったく反省しません。だから「2017年」という年は、わが国だけでなく世界にとっても、好ましい年にはならないかもしれません……。

繰り返しますが、世界が危機的な状況になるか否かということは、ひとえにこのナショナリズムの台頭を揶揄《やゆ》した人たち、馬鹿にした人たちが、2016年に起こった様々な事件の意義というものを反省することができるかどうかにかかっているのです。

「対アメリカ」「対ロシア」「対テロリズム」

2016年12月26日、安倍晋三総理がハワイを訪問し、バラク・オバマ大統領（当時）と一緒に真珠湾を慰霊されました。真珠湾攻撃で亡くなられた方々の霊を弔《とむら》うためでしたが、このハワイ訪問は安倍総理の外交活動としては象徴的な訪問でした。

トランプ氏が大統領に当選して最初に会った外国首脳が安倍総理でした。それに対して、「不見識だ！」というような意見が一部にはありましたが、私は非常に良い決断だったと思っています。

先のオバマ大統領との真珠湾での慰霊ですが、世界の指導者はそのときにはもうオバマ氏を相手にしていませんでした。残り3週間の任期しかない、事実上終わった人だからです。しかし、安倍総理はそのオバマ大統領に会った――。

つまり安倍総理は、トランプ新大統領に会った最初の外国首脳であり（厳密には就任前ですが）、オバマ前大統領に会った最後の外国首脳となったのです。こういう事実だけみても、私は安倍外交の意義というものをそこに見出すことができると思います。

これから世界は大変革期を迎えます。日本も正念場です。「対アメリカ」「対ロシア」「対テロリズム」、この3つがキーワードになっていくと私は考えます。

ウラジーミル・プーチン大統領はテロに対して、「徹底的に取り締まる。殲滅《せんめつ》する」と宣言しています。ただし、ロシアはアメリカと共同してあたらないとテロを粉砕することはできません。もちろん、これまでもそうでした。逆に言えば、米露が共同してテロ対策をやっていればテロをおさえることはできたはずなのです。それなのになぜ今までできなかったのか。そういうことも考えてみる必要があるでしょう。

今、日本の外交に求められることは「新しい世界秩序」への対応です。新しい世界秩序に対して応じる能力（＝外交力）が日本に蓄えられているか、ということです。

従来の外務省的発想では対応できません。日米安保体制しかり、北方領土問題しかり、これまでの〝受け身〟の発想では役に立たなくなったのです。私たちは自立しなければなりません。軍事的自立は無理でも、少なくとも精神的に自立することが重要です。

そして、その精神的自立の基礎に立ったうえで、「新しい日米安保体制というものを考える」、「北方領土交渉を考える」、「中国への対応を考える」、あるいは「世界の平和のために日本が何をすべきかを考える」――、そういう訓練が必要になってくるのです。

それを支えるのは、私たち国民一人ひとりの〝精神の武装〟であるということは、かねがね私が申し上げてきた通りですが、じつはもう国民は目覚めています。目覚めてないのは、政治家であり、官僚であり、知識人やジャーナリストたちなのです。

庶民の皮膚感覚が未来を決める

政治家や官僚たちは、世界の動きから一周も二周も遅れています。なぜ彼らが遅れているか。それは「ポリティカル・コレクトネス（political correctness）」という、あの呪文です。ポリティカル・コレクトネスとは、直訳すると「政治的な正しさ」となりますが、人種・性別・文化・民族・年齢・宗教・政治指向・性癖などの違いによる偏見、差別を含まない言葉や用語や表現を用いることを意味する言葉です。２０１６年は、このポリティカル・コレクトネスの欺瞞《ぎまん》が暴かれた――、そういう一年であったわけです。

第二次世界大戦後、今日までの約70年間、徐々に世界はポリティカル・コレクトネスの呪縛《じゅばく》、あるいはその影響、圧力の下に振り回されてきました。先ほどご説明したように、ポリティカル・コレクトネスというのは「政治的正しさ」とか「政治的公平性」などと言われますが、それは誤解を招く言い方です。政治的に正しいなどということは本来ありえません。「ポリティカル」はいらない。「コレクトネス」だけでいいのです。

なぜ「ポリティカル」がついているかというと、これは「マイノリティ（社会的少数者）」による〝言葉狩り〟だからです。マイノリティによる「言論の自由を奪う」活動がポリティカル・コレクトネスの正体です。そして、「社会を分断する」ことこそが、ポリティカル・コレクトネスという言葉を使う人たちの真の目的なのです。

私流に言い換えれば、ポリティカル・コレクトネスとは〝少数派優遇〟です。しかし、これは「民主主義」に反することです。ですから、そもそもポリティカル・コレクトネスではありません。そういう言葉のごまかしというものに対して、いわゆる「庶民」はもう目覚めたのです。

まず、２０１６年の６月にイギリス人が目覚めました。そして、同じ年の11月にアメリカ人が目覚めました。それに対していまだ目覚めさせまいとする勢力が、欧米にも、日本にもいます。その勢力は、大手メディアに依然として巣くっています。

そういう人たちが庶民に対して、依然として上から目線で偏った意見を垂れています。しかし、そういう人たちの欺瞞が徐々に明らかになるだろうと、私は半分希望も込めて申し上げます。

それはなにも、そういう人たちを引きずり下ろそうとしているわけではありません。彼らのやっていることが根本的に間違っているから指摘しているのです。

２０１６年の都知事選挙のとき、ある有力候補が「私は弱者の味方です」という発言をしていました。私はその発言を聞いて、「この候補者は差別主義者だ」と思いました。どうして簡単に、弱者とそれ以外の人を分けるのか。人は本来、平等であるはずです。平等であるはずの他者に対して、弱者とは失礼な話です。「私は弱者の味方です」と言っている人はそういう発想がない人なのです。

そして、弱者の味方を装う人たちが、「リベラリズム」を信奉し、「グローバリズム」を推進してきました。

世の中に弱者というものは存在しません。人は皆、一人ひとりがかけがえのない存在です。それを、身体の状況や所得の多寡《たか》などによって弱者だと決めつける、この傲慢さは許されるものではありません。そういう名ばかりの人権主義者、人道主義者が、日本から消え去るよう私は強く願っております。

＊

馬渕睦夫

グローバリズムの終焉

「日本再発見」講座Ⅱ

◎目次

●日本再発見その参〔グローバリズムⅢ〕
やるべきことは「移民」を生み出す国の環境改善

第二部　「日本経済」は必ず復活する

※本書は、ＤＨＣシアターの番組『和の国の明日を造る』（監修・出演：馬渕睦夫）平成28年7月～12月放送分の内容をもとに、加筆・修正し再編集したものです。
※本書の引用部分につきまして、原文の記述を損なわない範囲で一部要約した箇所があります。また、歴史的仮名遣い及び正漢字も、新仮名遣い及び新漢字に変更した箇所があります。
※敬称につきまして、一部省略いたしました。役職は当時のものです。

第一部

「グローバリズム」の欺瞞と危険性

【グローバリズムⅠ】

日本が〝真〟の独立をするときが来た

日本再発見
その壱

❖アメリカ政治のフェアプレイ精神

今考えると、日本時間で２０１６年11月９日（アメリカ時間11月８日）は、歴史に残る日になったと思います。その日、アメリカ大統領選挙でドナルド・トランプ氏が勝利しました。しかも快勝でした。ある意味で、アメリカにはまだ健全な精神が残っているのを感じました。それは、アメリカでは「敗北宣言をする」という慣習がまだ残っていたということです。

２０００年の大統領選挙では、アル・ゴア民主党候補がフロリダ州の票の数え方に問題があったと言って、敗北宣言を出しませんでした。それでなかなか決まらなかったことがあります。

極論すれば、アメリカではメディアの「当確」が出ようが出まいが、どちらかの候補が敗北宣言をしたら、そこで大統領は決まるのです。

私は「すでに結果は出ているのに、なぜメディアは当確を出さないのか」と思いながらＣＮＮテレビの中継を見ていましたが、あとでその理由がわかりました。つまり、ヒラリー・クリントン候補が、当確の出る前に敗北を宣言する（つまり、トランプ候補に電話をかけて祝福するという）「儀式」が残っていたわけです。

ヒラリー候補はもう負けは覚悟していたのですが、当確が出てから「負けました」と言ったのでは儀式になりません。だから政治家としての最後の矜持《きょうじ》だったと思います。プライドだったと思います。それを与えるための時間だったのではないかと、私は好意的に解釈しています。

そのうち、ヒラリー候補がトランプ候補に祝福の電話をかけたという速報が流れました。さすがにヒラリー候補も支持者の前では敗北宣言はできなかったのでしょう、側近が民主党の支持者に対して、「今日はもうお帰りください」と言って帰らせたそうです。それが事実上の敗北宣言でした。本来なら、そこに出てきて敗北宣言するほうがもっと潔かったと思いますが、さすがにそこまではできなかったのかもしれません。

いずれにしてもヒラリー氏が敗北宣言をした段階で、トランプ氏の勝利が事実上確定したわけですが、私はそこにアメリカ政治の、ひとつの〝フェアプレイ〟を見た気がいたしました。

今までの二人の中傷合戦というのは、とてもフェアプレイとは縁遠いものでしたから。最後の最後で、何とかフェアプレイで終わらせたということが、アメリカの今後にいい影響を与えることになるのではないかという感想を私は持ちました。

❖ 負けたのは日米のマスメディア

それにしても、先の米大統領選では、アメリカのメディアも日本のメディアもずいぶんひどいことを言っていましたね。トランプ氏を最初から最後までけなしていましたから。

「トランプは大統領になっても絶対に上手くやれるはずがない」と言わんばかりの調子で、連日報道していました。そして、結果が出た今になっても「なぜ自分たちが予想を外したのかわからない」と言っている始末です。

これはずいぶん無責任な言い方だと思います。それはメディア自身が真実をあえて見ようとしないからでしょう。この態度はアメリカのメディアだけではありません、日本のメディアもあえて見ようとしないのです。

メディアは最初から、「トランプは暴言者で、差別主義者で、中傷ばかりしている」と決めつけていました。アメリカの主要メディアは上から下まで、右から左まですべて「トランプは大衆迎合主義者」と報じていました。もちろん、日本のメディアも同様でした。右から左まで、すべて同じラインで報道していたのです。

それどころか、日米のメディアには「なんとかヒラリーに大統領になって欲しい」いう思いが色濃く出ていました。

それよりも驚いたのは、日本のテレビのなかでもいわゆる「反日」と言われるチャンネルのコメンテーターが「トランプが大統領になったら、日米の軍事同盟が壊れるかもしれない。これは大変だ！」と言っていたことです。左系のテレビ局がそう言ったのです。去年の安保法制をクソミソにけなしていたテレビ局のコメンテーターが同じように言っていたのですから驚きです。

日本のメディアは、ここまで劣化してしまっているのです。今回の米大統領選を、正確に見通せなかったのは当然です。

私は、今回の米大統領選というのは、世界的なグローバリズム対ナショナリズムの戦いだったと思います。イギリスがＥＵ離脱の国民投票を行いましたがそのときの争点と同じなのです。

あのときも世界のメディアは間違えました。「ＥＵ残留派が勝つだろう」と最後まで希望的観測を捨てずにいました。現実を見ずに、自分たちの希望が当然投票行動に現れてしかるべきだという、まさに上から目線の報道ばかりでした。

メディアはいつも、自分たちが正しい、だから自分たちが良いと思う方向で投票すべきだと報道します。それでも、メディアはイギリスで負け、アメリカでも負けました。

もちろん大統領選挙における敗北者はヒラリー候補ですが、本当の敗北者はアメリカのメディアだったのです。

❖ 純真な若い記者たちに望むこと

日本のメディアもずっと負け続けています。安倍自民党が過去2回の衆議院議員総選挙で大勝しました。そして、参議院議員通常選挙でも自民党は2回続けて勝ちました。そのときも私はこう言いました。「最大の敗北者はメディアです」と。

イギリスでも間違え、アメリカでも間違えた欧米日のメディア……。これはひとえにメディア自身の不勉強が招いた結果です。メディアに出てくるコメンテーター、あるいは知識人や専門家と称する人たちの敗北です。そのことに彼ら自身が気づかなければいけないでしょう。

日本のメディアもいい加減に目を覚まして欲しいという気持ちでいっぱいです。これでもなお目を覚ますことができなければ、もう半ば永遠に目は覚めないもかもしれません。私はそのくらいの危機感を抱いています。メディアの関係者の方々には、もっと「真実を見ようとする態度」を持っていただきたいと思います。

誰かが言っている方向、あるいは枠組みに従って報道するのは間違っています。GHQ（連合国軍最高司令官総司令部）の占領時代からずっと日本のメディアはGHQが定めたプレスコードに沿って間違った報道をしてきました。

ところが、世界はどんどん変わってきています。日本国民ももちろん変わってきています。しかし、メディアはそれを見ない――、見るのが怖いからです。今まで自分たちがやってきたことの嘘がばれるから怖いのです。それはメディアの自殺行為になる。だから彼らはできないのです。

そうはいうものの、私は若い記者諸君には期待しています。私は若いジャーナリストと話す機会がけっこうあるのですが、彼らは純真です。ですから、私はまだ完全には諦めてはおりません。今のメディアのあり方はおかしいと思っている若くて純真な人たちに、悪名高いメディアを内部から改革していっていただきたいと思っています。

❖「キングメーカー」という隠れた敗者

今回の米大統領選でメディアが失敗した最大の原因は、メディアがあえて見なかったアメリカ国民の「感情」です。つまり、ピープルが何を考えているかを彼らは読み違えたのです。見ようとしなかったのです。それは日本のメディアも同じです。アメリカの主要なメディアが流してくる「雰囲気」を、そのまま右から左に伝えていたという感じがしてなりません。

繰り返しますが、今回の米大統領選挙の争点というのは、「グローバリズム」対「ナショナリズム」だったのです。もちろんヒラリー候補はグローバリズムの旗手です。アメリカの政治用語を使えば「国際主義者」、あるいは「国際干渉主義者」だったのです。それに「NO!」を突きつけたのが共和党のトランプ候補であり、民主党から出馬したバーニー・サンダース候補でした。

当初は泡沫候補だったトランプ氏のほうが、なぜ早く共和党の大統領候補に選出されたのか。民主党の大統領候補になるのが既定路線だったヒラリー氏が、なぜ最後の最後までサンダース氏に苦戦したのか。その理由をアメリカのメディア、日本のメディアがしっかり分析していれば、見込みが外れることはなかったのです。そうすればこんな赤っ恥をかかずに済んだでしょう。

そういう努力をメディアはしなかったということだと思います。逆に言えば、メディアは今までは自分たちがこうだと言えば、選挙民はそれについてくる、ということに慣れていたのだと思います。

たしかに今まではそういう傾向が強かったかもしれません。というのは、アメリカの大統領選挙では各党の大統領候補になるほうが大統領になるよりもむずかしいからです。今までは、大統領候補に選ばれるかどうかということが、最大の問題だったのです。

だから、民主党であれ共和党であれ、大統領候補には〝どちらがなってもいいような候補〟が選ばれていたわけです。最後に大統領を選ぶ決選投票では、民主党候補が勝ってもいいし、共和党候補が勝ってもよかったのです。

そういう民主党あるいは共和党の候補を選ぶ人（ウォールストリートを中心とするアメリカのキングメーカー）たちの意向を受けた人が大統領候補でした。民主党も共和党の候補も同じような選別プロセスを経て選ばれていたのです。

大統領になる確率は2分の1、つまりキングメーカーが選んだ二人の候補のうちのどちらかが大統領になるわけですからキングメーカーにとっては何の問題もありません。

ところが、今回はそうはいきませんでした。キングメーカーが選んだ候補ではないトランプ候補が共和党の代表になってしまったからです。だからほとんどすべてのメディアが、よってたかってトランプ候補を引きずり下ろそうとしたのです。

私は今回の敗者はメディアだと言いましたが、それはキングメーカーでもあるのです。勝者は誰かと言えばもちろんトランプ大統領ですが、アメリカのピープルでもあったのです。アメリカの一般の人、つまり草莽《そうもう》が今回の大統領選挙の真の勝者であったと思います。

そういう人たちは、今までは政治的な力を持てませんでした。アメリカの草莽の人たちの意見を代弁してくれるアメリカ大統領候補は、ずっと出ていなかった――。

ところが、やっと国民の側に立つ大統領候補が出てきた。それでアメリカのピープルが熱狂したのです。しかし、ご承知のようにトランプ氏の暴言癖に加えて、メディアが「トランプ支持者は国民にあらず」のような印象を与える報道を連日行っていました。それで、投票前にはトランプ支持を公言しなかった選挙民が少なからずいました。

そして、そういう「サイレント・マジョリティ」が投票日には、晴れてトランプに投票したのだと思います。最終的には、選挙人投票でトランプ３０４票、ヒラリー２２７票とトランプの快勝となりました。

❖自民党の教訓にもなる米大統領選挙

この投票結果は日本の自民党に対しても、非常にいい教訓になったのではないかと思います。アメリカ大統領選挙だけの問題ではない、日本の国政選挙にも参考になる点が少なからずあったのです。

つまり、サイレント・マジョリティ＝日頃はものを言わない人たち（いわゆる無党派層）の行動様式というのは「保守」だということです。これは、自民党が認識しなければならないことだろうと思います。

かつて、自民党は、支持基盤を広げようとしてリベラルに舵《かじ》を切ったことがありました。そのときは選挙で負けているのです。自民党がリベラルに舵を切ったら、自民党が自民党であることを辞めるということですから自民党支持者は落胆します。

無党派層も落胆して投票に行かないということになる。だから、自民党が今後ずっと選挙で勝利を確保するためには、明確に、保守に舵を切らなければならないということです。これが今回の米大統領選の教訓であり、また、イギリスのＥＵ離脱の国民投票の教訓です。

そういう教訓を自民党はぜひ汲み取って欲しいと思います。これから自民党の行うべきことは「保守回帰」です。明確な保守政党としての、自民党の特色、特徴を出すということです。

選挙年齢が18歳まで下げられましたが、その若者たちの多数は、前回の参議院選挙で自民党に投票しています。ですから、無党派層、それから棄権層（選挙に行かない人たち）

を自民党に入れさせるには、自民党が保守の思想や姿勢を明らかにすることであるということがあらためてわかったのです。

❖トランプ新大統領誕生で、日米関係はよくなるか

トランプ新大統領の誕生による日本への影響ですが、私は、日米関係はよくなると思っています。トランプ氏は「日本はもっと自立しろ」と言っているわけですから。

日本のメディアでは、「アメリカ軍が日本から出ていくのは困る」みたいなことを言っていますが、とんでもないことです。アメリカ軍は、いろいろな考慮があるのですぐには出ていきません。トランプ氏が、「日本はもっと自己負担しろ」と言ったのは選挙向けです。

私が何も心配していないと言ったのは、トランプ氏の側近はアメリカ国防省の制服組だからです。ということは、これからアメリカの世界政策はまともになっていくということです。今までとは違って、ネオコンと制服組の力関係は制服組に傾くだろうというふうに私はみています。

現にトランプのアドバイザーを務めているのは制服組です。制服組はナショナリスト

ですから、アメリカの利益を大事に考えます。アメリカの国内問題を優先するというのがナショナリストの主張であり、トランプ新大統領の主張であり、そして制服組の主張でもあるわけです。他国のナショナリズムに干渉しないことでもありますから、アメリカとロシアの関係は改善します。それは日露関係の進展にとってもいいことなのです。

また、日露関係も安倍総理はハンドリングしやすくなったと思います。これまでのように、アメリカからの圧力というものは弱まるでしょう。トランプ大統領はプーチン大統領とケミストリー（相性）が合いそうですが、だからと言ってそれに安心することはできません。

安倍総理には、日本の国益に基づいて北方領土問題の解決に邁進して欲しいと思います。その環境は整ってきました。それはプーチン大統領にとっても同じことです。

今まで、ヒラリー氏に代表される国際主義者が、プーチン大統領を何とかグローバル市場に組み込もうとしてウクライナ危機を起こし、それ以後ずっと、プーチン包囲網を組み立ててきました。それがトランプ大統領の誕生で崩れることになったわけです。

ですから、トランプ氏が大統領になったことで世界は戦争を回避できるようになったと言えます。ヒラリー氏が大統領になるよりも、戦争の敷居は高くなったということです。戦争の可能性が低くなったのです。

このままの状況が続けば、トランプ大統領、プーチン大統領、安倍総理による三角協力が実現するのではないかというふうな気持ちがしています。

そうなったときどこの国が困るのかといえば、それは中国です。中国はトランプ当選で喜んでいるという報道がありますが、そうではないと思います。困るのはじつは中国なのです。

中国はグローバリストだから困るのです。ナショナリストのアメリカ大統領が出てくると、米中関係は変わります。中国は、今までのようにアメリカのウォールストリートと組んで金儲けができなくなります。そういう世界の構造になっていくことが予想されるのです。

ですから、日本は慌てることは何もないのです。「日本は、日本自身の足で立ちなさい」と、これからもトランプは言ってくるはずです。これは歓迎すべきことではないでしょうか。「アメリカに捨てられたら困る」と、わが外務省は考えているようですが、これからは外務省も戦略転換をしていただきたいと思います。やっと日本が真の意味で独立する環境が整備されたのですから。

この新しい環境を本当に生かすことができるかどうかは、私たち日本のピープル、私たち草莽の力にかかっていると言えると思います。政治家や、官僚や、経済界のトップたちは急激には方向転換できません。メディアはなおさらです。

私たちはもうすでに方向転換しているのですが、なおかつ、その歩みを強く、確かなものにしていく――。それが本当の意味で、わが国の自立に繋がっていくということになろうかと思います。

日本再発見　その弐

【グローバリズムⅡ】

トランプ大統領誕生の背後にある、米国民の本音

❖「アメリカ・ファースト」の意味

トランプ氏が共和党の正式の候補になった際、日本の新聞各紙が社説を書きました。ここでは産経新聞の主張を取り上げてみたいと思います。なぜ産経新聞なのかというと、保守を自認する産経新聞がこのような見方（以下に詳述）をすることに関して、私は、いかがなものかという感想を持ったからです。

同紙の社説（２０１６年7月23日）では、「アメリカは世界の警察官をやめないでくれ」という主旨のことが書かれました。アメリカが世界の警察官の役割をやめると、中国やロシアが力による現状変更を進めてくる。あるいは、「イスラム国」（ＩＳ）をはじめとする暴力的な過激集団が蔓延するようになる。だから「アメリカは引き続き世界の警察官でいて欲しい」というのです。

これは逆にいうと、トランプ氏の「アメリカ・ファースト（アメリカ第一主義）」では困ると言っているわけです。アメリカ・ファーストは「孤立主義」で、孤立主義一辺倒のアメリカでは「偉大な国になれない」と、お節介を焼いている――。

しかし、トランプ氏は「アメリカはアメリカ・ファーストで偉大な国になれる」と言っています。つまり、アメリカ・ファーストという言葉の意味が誤解されているのです。

アメリカ・ファーストというのは、何も「アメリカのことだけを考える」ということではありません。アメリカが鎖国状態になるという意味ではもちろんありません。今までの歴代の政権のように、「国益に沿わない国際問題にはアメリカは干渉しない」と言っているにすぎません。それがアメリカ第一主義です。「アメリカ国民の利益を第一に考えます」ということです。

それは孤立主義でもなんでもありません。「アメリカ自身の問題を優先します」ということです。「アメリカ国内でやるべきことがもっとあるのでは？」ということを、トランプ氏はアメリカ国民に訴え続けました。それは、「アメリカから遠く離れた国に軍事的な干渉をすることをやめる」ということです。

そのなかにはアラブ世界に必要以上にアメリカが干渉した「アラブの春」も入っています。国際主義は決してアメリカ国民の利益にはなっていなかったということです。だからこそトランプ氏のアメリカ・ファーストという言葉が（彼の言い方はともかくとして）、多くの米選挙民の支持を得たのです。その最大の理由を理解、あるいは評価しなければ、トランプ氏が新大統領になった今、「アメリカの今後」を大きく読み間違えることになるでしょう。

また、トランプ氏の主張が大衆迎合主義だというのはまったく間違っています。アメリカの「ポピュリズム」というのは、そういう意味ではありません。「ピープルの利益を大切にしよう」というのがアメリカのポピュリズムです。

そのことを、かつて上智大学名誉教授の渡部昇一先生が非常にうまく表現していました。「ピープル」というのは「皆の衆」である、と。「皆の衆の意見を大切にする」というのが、本来のポピュリズムなのです。

❖ 20世紀の大きな紛争は「国際主義者」が起こしている

ロックフェラーという人を皆さんはご存知ですね。デイヴィッド・ロックフェラー（1915年生まれ。アメリカの銀行家、実業家。ロックフェラー家第3代当主／2017年3月20日に死去）は自身の回顧録（『ロックフェラー回顧録』）のなかで、「私は国際主義者（グローバリスト）」だと言っています。

そして、ロックフェラーは「現代においては孤立主義者の居場所はない」とも言っています。「アメリカは孤立主義者であってはいけない」「アメリカ人はすべからく国際主義者になれ」と――。

この回顧録が書かれたのは2002年ですが、基本的には生涯彼の世界の見方は変わっていなかったでしょう。

しかし、一連のトランプ大統領の発言も、それを支持した人も、「国際主義者になりたくはない」と言っているわけです。このアメリカの大きな〝政治の変化〟というものを、私たちは正しく理解しなければなりません。

「国際干渉主義」というのは、口実をみつけて他国の問題に関与することです。関与するぐらいならまだいいのですが、他国の政権を転覆させるための干渉もします。どういうことかというと、これまでのアメリカは「現状変革主義者」が主導していたのです。「アメリカ」という言い方では誤解を招くので、「アメリカのネオコン勢力」と言い換えましょう。

「ネオコン」とは、「ネオコンサバティズム（Neoconservatism）」の略称で、通常「新保守主義」と訳されます。が、アメリカのネオコン勢力こそ、現状変革主義者なのです。

現状変革主義者というのは、ズバリ「左翼」です。多くの人が、アメリカが「保守（右翼）」で、ロシアや中国が「左翼」だと思っていますが違います。じつは、アメリカは「左翼国家」なのです。このことがわかれば、今の複雑に見える国際情勢がスッと腑に落ちるはずです。

アメリカは現状変革勢力で、ロシアが保守勢力だった――。ですから今、アメリカのネオコンが保守勢力たるロシアを攻撃しているのです。それが現在の世界の構図です。

トランプ大統領誕生によって、そのアメリカの政策が大きく変わろうとしています。これは日本だけではなく、世界にとって非常に大きな出来事になるでしょう。

そういう意味で私は、ヒラリー氏が落選し、トランプ氏が大統領になったことは、わが国にとっても世界にとってもいいことだと思っています。トランプ大統領は少なくともアメリカ国民の利益を第一に考えようしています。それが全世界的に広がれば、世界の国々が自国民の利益を大事に考えるようになる。そうしたほうが、むしろ世界の紛争は少なくなる。まったくなくなるとは申しませんが減るはずです。これまでの世界の紛争のほとんどは国際主義者が起こしていたのですから。

「20世紀の歴史」を研究してみてわかりましたが、20世紀の大きな紛争は、すべて国際主義者が起こしています。拙著『アメリカの社会主義者が日米戦争を仕組んだ』（KKベストセラーズ）で詳しく書きましたが、いわゆる大東亜戦争（日米戦争）も当時の米大統領フランクリン・ルーズベルトの取り巻きである国際主義者が起こしたものです。そして、国際主義者はむしろ堂々と、「そういう必要があった」と認めてもいるのです。

❖〝きれいごと〟に聞き飽きたアメリカ国民

それでは「国際干渉主義」、あるいは「グローバリズム」という発想はなぜ出てきたのでしょうか。それは「歴史はひとつの方向に向かって動いている」という、一種の間違った信念があったからです。つまり、「自分たちがやっていることは歴史の流れに沿ったもの」という発想です。

かつては「共産主義」がそうでした。「高度な資本主義がいずれ共産主義に転換する。それは歴史の流れである」という考えです。それと同じことを、今の国際主義者は言っているのです。「世界のグローバル市場化は歴史の必然だ」と――。だから、「世界のグローバル化を進めるために、アメリカは干渉することができる」という論理になるのです。

それに待ったをかけたのがトランプ大統領です。彼は「そうではない」と言っているのです。「世界をグローバル市場化するために各地の紛争に関わることになった結果、アメリカ国民の利益が犠牲になったではないか」と言っているのです。

それは今のアメリカの社会を見ていればわかることです。国際干渉主義というのは、アメリカの一部でしかない「多国籍企業（グローバル資本）」に有利な政策でした。いわば、1%の人のための政策です。

1%のグローバル資本がアメリカの富のほとんどを握っていることはよく言われることですが、そういう片寄った社会にアメリカが変質してしまったのです。トランプ大統領の主張は、そういう不健康なアメリカを元に戻そうということです。トランプ大統領はきわめて真っ当なことを言っていることがこれでわかるでしょう。言葉遣いは決して上品とは言えませんが、言っていることは極めてまともです。

同時に、それは今までまともなことを言えなかったアメリカの政治的空気に対する反発、反撃でもあるわけです。

アメリカには「ポリティカル・コレクトネス」という言い方があります。日本でもリベラルと称する人たちがよく使っていますね。人権尊重とか、人道主義とか、弱者の味方とか言いますが、それは〝きれいごと〟にすぎません。

そして、それを言っている彼らが人権尊重や人道主義を実践しているかというとそんなことはありません。実際に、ポリティカル・コレクトネスに合わない人たちを弾圧しているのですから。要するに、彼らは「言葉で戦闘をしている」のです。

アメリカでは20年前頃からそういうことが起こっています。そして今、その〝きれいごと〟に対して、トランプ大統領がやっと本当のことを言ったのです。もちろん、メキシコ移民に対して「壁」を築くというのは、やや過激な言い方かもしれません。しかし、彼の言葉は多くのアメリカ国民の琴線《きんせん》に触れたのです。アメリカ国民は〝きれいごと〟には聞き飽きていたということです。

ポリティカル・コレクトネスで何が起こったかというと、アメリカ社会が分裂し、アメリカの秩序が乱れました。現実を見たとき、今までのような〝きれいごと〟でアメリカの政治をやっていくことができなくなった。そこまでアメリカは追い詰められていたということです。

アメリカのメディアは、トランプ大統領が「移民排斥」を唱えるがゆえに「アメリカ社会を分断する」という議論を今でも展開していますが、それはまったく違います。アメリカ社会はすでに分断されてしまっていたのです。

メディアの報道に対して、「それはおかしい」と声を上げたのがトランプ大統領です。むしろ、「分断したアメリカ社会をできるだけ元に戻そうよ」「元の良きアメリカ社会(つまり、アメリカのピープルを大切にする社会)に戻そうよ」というのがトランプ大統領の考えなのです。

それに対して、ヒラリー候補は相変わらず国際主義を唱えていました。この事実をみるだけでも、日本にとってどちらの大統領が好ましかったかということの答えは自ずと出て来るはずです。

しかし、日本のメディアはヒラリー候補のほうが好ましいと、ずっと言い続けていました。とても片寄った見方だと私は思います。

❖米民主党綱領にみるアメリカの歴史的な責務

今回の米大統領選で気になることがありました。アメリカ民主党の綱領を見ていて、ひとつ注目すべきところを見つけたのです。それは「日米関係の強化」という項目です。「同盟国との関係を強化する」ということが、米民主党の政策綱領に入っていたのです。

今までの国際主義のアメリカからいえば、これは考えられないことです。しかし民主党の綱領のなかに、同盟国との関係強化のひとつとして「日本への歴史的な責務を果たす」と書いてありました。

これは単に日本との同盟強化を謳《うた》ったというような、単純なことではありません。「歴史的な責務」とは何かということです。私も一読しただけではよくわかりませんでしたが、少なくとも日米軍事同盟や安全保障条約のことを言っているわけではなさそうです。原爆投下のことに触れていると考えることも可能なわけです。「歴史的な責務」なのですから。

アメリカが日本に歴史的な責務を持っているのか。米民主党がこの中身をどう考えているかということを、私たちは真剣に考えてみなければならないと思います。

戦後の日米関係について見れば、日本が荒廃のなかから立ち上がってからは、日本が、アメリカを助けるという構図でした。今、アメリカは日本の資金の援助なくしては成り立たない国になっています。そういうことも含めて、日本への歴史的な責務を果たすということなのでしょうか。

私はもっと深い背景があるのではないかと直感的に感じます。日米関係だけではなく、もっと長い歴史のことを暗示しているのではないかという気がしてならないのです。もし本当にそういうふうに、日本への歴史的な責任、責務を果たすというのであれば、これは私たちが現実の政治の世界で持っているようなことではない、もっと深いものがあるような気がします。

日本はアメリカとどう付き合うべきか。その答えはもう出ています。私たちがやるべきことははっきりしているのです。アメリカが本当に歴史的な責任を果たそうとするのなら、日本が世界政治に持つ責任ということを日本自身（私たち自身）が自覚し、ちゃんとその受け皿になるということです。

アメリカの「アジア重視」という基本戦略は変わらないと思います。ただ、アメリカのアジア重視は表と裏の両面あります。アジアの経済成長に注目するという点と、同時にまたかつてのようにアメリカ資本の支配下に置くという点です。

しかしそのとき重要なのは、日本がアメリカの対日態度にどう応えられるかということです。アメリカの資本がアジアでの利益を最大化しようとして、対日政策を進めることは間違いありません。そのときに、日本がアメリカにとって、アジアにおける信頼のおけるパートナーになれるのかどうかということは、これはアメリカの問題というよりも、むしろ日本自身の問題です。

私はその点については楽観的です。アメリカのグローバル資本は、利権先として依然として「中国は重要だ」と思っているでしょう。しかし、果たして組むべきパートナーが中国共産党であるかについてはどうでしょうか。

アメリカのグローバル資本は、今、見直しを始めていると思います。「中国から利益は得たい。しかし、中国共産党の支配では十分な利益が得られない」……、つまり、中国は〝市場〟としては依然として魅力的だけれども、中国共産党を相手にはしない可能性があるということです。

そうすると、日本が新しいアメリカの新政権にどう対応するかということになります。

重要なのは、日本が引き続き「アジアでの安定した大国」であるという、その地位を持ち続けることです。

そのためには当然のことながら日本の防衛力の強化、国内治安の安定、国内情勢の安定というものを同時並行でやらなければなりません。

日本再発見 その参

【グローバリズムⅢ】

やるべきことは「移民」を生み出す国の環境改善

❖移民サミットでの国連事務総長の問題発言

今回のテーマは「移民問題」です。

２０１６年の９月の国連サミット（移民サミット）で、国連の潘基文《パンギムン》事務総長（当時）が非常に気になる次の発言をしました。「よりよい生活を求めて避難するすべての人の権利や尊厳を守るため、全力を傾けようと首脳らに支援強化を呼びかけた」——。

どう思われますか。「よりよい生活を求めて避難するすべての人の権利や尊厳を守れ」「移民はすべての人の権利だ」と事務総長は言っています。

「自分の国の生活がおもしろくないので隣の国へ行く。隣の国へ行くのは権利である。そして、その移り住んだ国はその人の権利を尊重しなければならない」とこう言っているわけです。さらに、この事務総長発言の問題点を指摘するメディアもありませんでした。

今、世界の国々のメディアで「移民を受け入れよ」と叫んでいます。「移民には権利があり、移民は尊厳されなければならない」と——。

これっておかしいでしょう。このことについて安倍総理が何を発言するのか注目していたのですが、総理は移民そのものの日本の受け入れには言及しませんでした。そうではなく、移民・難民の元凶というか、原因を除去することに重点を置いて話されました。
それは当然のことですね。私たちは見落としがちなのですが、「移民を送り出している国」はいったい何をしているのかということです。その国は、自国民に対する最低の義務を果たしていないということになるのです。ですから、「当該国が自国民に対する義務を果たせるように、しかるべき支援をする」ということが先進国のやるべきことだと私は思います。

そういう意味ではわが国は移民・難民を受け入れるということよりも、むしろ原因となっている途上国、あるいは貧困国の環境を改善するための支援をするというのがまっとうなやり方ではないでしょうか。

ところが、やはり日本のメディアも、それからメディアで発言する知識人たちもそうではないのです（日本だけでなく世界的にそうなのですが）。

❖グローバリストの移民論

産経新聞の「正論」欄（2016年9月21日）で同志社大学元学長の村田《むらた》晃嗣《こうじ》教授が気になることを書いています。内容は「希望を支える日本のビジョンを描け」ということですが、問題点がたくさんあります。

お断りしておきますが、私は村田さん自身を批判したりするつもりでこの論文を取り上げたわけではありません。ただ問題はここに表れている思想、考え方そのものに対して、やはりこれは深刻な影響をわが国に及ぼしているということで今回取り上げるわけです。

村田さんは、2020年に向けて日本はどういうビジョンを描くべきかということを書いています。

「まず、日本は多様で寛容な社会を実現しなければならない」とあります。次に、「多様性というのは経済成長の核となる」と書き、「多様性のない社会には、才能豊かな人々は集まらず、才能ある人々の集まらない社会や地域では、イノベーションは起こらない」と断定しているのです。

さらに、「2020年の東京オリンピック後のそう遠くない時期に、中国が世界最大の経済大国になり、軍事費でもアメリカを凌駕《りょうが》するときが来よう。人類史上初めて、発展途上国が世界一の経済大国になろうとしている。これは文明論的挑戦である」と書いています。

日本の保守的知識人と称される方がこのように論じているのですが、これはグローバリストの思想です。グローバリストというのは「革新」です。ですからこれは保守の考え方ではないということです。

私はいわゆる保守と革新と分ける今までの伝統的なやり方というものは適当でないと思っています。今、もし言論人や知識人を分けるとすれば、それは伝統的な保守と革新ではなく、グローバリスト（革新）であるか、ナショナリスト（保守）であるかに分けたほうがずっとわかりやすいと思います。

村田さんの主張はグローバリスト流なのです。ということは革新ということになります。彼は「保守派の論客」と言われていますが、こういう主張が保守の主張なのでしょうか。明らかにこれは保守の思想ではありません。革新的な思想です。グローバリストの思想なのです。

では、どこが問題なのか。「まず日本は多様で寛容な社会を実現しなければならない」と断言しておられますが、いったい多様で寛容な社会というのはどのような社会のことを言っているのでしょうか。今の日本の社会は多様でもなければ寛容でもないとでもおっしゃりたいのでしょうか。

この文章のなかで「移民」という言葉は使われていませんが、要は「移民を入れろ」ということです。そういうことを示唆《しさ》しているのです。ですが、移民を入れなければ多様性社会ができないのでしょうか。

「多様性は経済成長の核となるイノベーションの趣旨である」というのも、あえて多様性を弁護するために持ち出された発想だと思います。多様性であるがゆえに経済成長やイノベーションが可能になるという保証はどこにもありません。アメリカはいろいろな能力を持った人が集まって経済成長しました。シリコンバレーがその典型です。イノベーションの原因になったということはよく言われています。しかし、アメリカのケースと日本のケースは違います。EUのケースと日本のケースも違います。

それから最も問題なのは、「多様性」という考え方です。多様性というのはとにかく違う人種の人たちと一緒に住むことだとか、違う宗教、あるいはジェンダーを認めるというような多様性ということを言っておられるわけですが、それらの多様性というのは今、多くの国で問題になっています。そういうものを自国内に取り込むことが多様性ということなのでしょうか。私は違うと思います。

❖一人ひとりが個性を十分に発揮できる社会に

私はすでに日本は多様な社会だと思っています。私たちは、一人ひとりが個性というものを持っているわけですが、その個性はみんな違います。ですから、その違った個性をそれぞれが発揮すれば「多様性社会」になるのです。

なぜ多様性社会を実現するためにわざわざ移民を入れなければならないのか、あるいはマイノリティの考え方を持っている人を法律で保護しなければならないのか、そういうことにどうして結びつくのか、それらのことがまるでわかりません。

そのようなことでは決して本当の意味での多様性社会にはならないでしょう。個人が自らの個性を生かして、それを存分に発揮できる社会こそが私は多様性社会だと思っています。数学の得意な人、体育の得意な人、音楽の得意な人、みんな違う。そういう人たちが自らの能力を、個性を最大限発揮して共存できるというのが多様性社会です。

日本は今、全体として調和のとれた社会が実現しています。日本こそ多様性社会を実現している国です。それで大きな混乱が生じることのない日本の社会ができています。

人種の問題、宗教の問題、あるいはジェンダーの問題を抱えながら様々な考えを持つ人々が混在している他の国を見てください。どこもみんな混乱しているではないですか。EUの国々はむしろそれに対して反発しています。そういう状況がありながら、なぜ日本が多様性社会を実現しなければならないと言うのでしょう。

それよりも私たちがやるべきことは、「自分が持っている唯一無二の個性を十分発揮できる」――、そういう社会を築いていくことだと思います。いわば、「役割分担」の社会です。

一人ひとりが個性を十分に発揮できる社会にしていく――、それがまず先決だろうと思います。そういう個人、そういう社会ができない日本に、将来、移民として外国人が来ても、決して多様性社会にはならないと思います。むしろ分裂する社会になる危険性が高いと思うわけです。

❖型を極めてこその「型破り」

こういう話をするときに、私は常に思い出すことがあります。

歌舞伎の故・(12代目)市川團十郎《いちかわだんじゅうろう》さんの講演を聞いたときに、團十郎さんは「型破り」についてお話をされました。

「型破り」というのは何か変わったことをやることだというふうに誤解されがちですが、じつはそうではありません。歌舞伎の伝統的な型を破るためには、まずその型を極めなければならないのです。型を極めて初めて「型破り」ができるというのです。これは私たちも心しなければならないことです。

私たちはときどき、今の生活が嫌だ、今の社会が嫌だ、周りの人間関係が嫌だと思い、自分を変えたいと思ったりします。特に若い方がそう思う気持ちはわからないわけではありませんが、私はそういうときには、この團十郎さんの「型破り」の話を思い浮かべて欲しいのです。

私たち個人に当てはめてみると、自分の個性を十分極めることで初めて今までの自分の殻を抜け出すことができる。そして新しい型の生活、生き方を求めることができるということです。

私たちが気づいていないだけで、日本にはすでにたくさん移民の方が来ています。華《か》僑《きょう》の方、韓国の方、北朝鮮の方、それ以外にも東南アジアからたくさんの人が来ています。日本はすでに多くの移民を受け入れているのです。

でもその方たちと本当に共生できる社会になるためには、私たち自身が、私たち自身の型を固めていかなければならないのです。核となる型をしっかり固めるということが前提となるわけです。

そういうふうに型を固めることが、移民の方を尊重することにもつながります。そういう私たちの心構えがなくて、「移民を受け入れることは世界の趨勢《すうせい》である」とか、それは「人道的配慮だ」とか、そういうことを言っていたのでは駄目なのです。そんなのはまったく人道的配慮とは言えません。むしろ、それでは逆になる可能性があるのです。

ですから私は、多様性社会をつくらなければならないと思い込むことは、はっきり言って間違っていると思います。本末転倒な話でしょう。私は別に移民がけしからんとか、移民に反対だと言っているわけではありません。その前にやるべきことがあると言っているのです。

きれいごとや理想を言うことは誰にでもできます。しかし、実際にそういうことを現場で経験しているのは一般の国民なのです。

❖中国が世界一の経済大国になることはありえない

もうひとつ村田さんは非常に気になることをおっしゃっています。日本と中国との比較をしておられますが、まったく彼は誤解しているのだと思います。村田さんが描いているような多様で、寛大で、成熟した市民社会に日本がなったからといって、中国は日本を尊敬することは一切ありません。それによって、中国に対する日本の安全を保障することにもまったくなりません。

今まで民主主義国日本に対して中国は十分尊重できたはずですが、そんなことは一切ありませんでした。国際政治の現実というものはそういうものです。これをソフトパワーという人もいますが、ソフトパワーというのは、そういう意味ではハードパワーに対しては力がないのです。

なんとなくソフトパワーがハードパワーを凌駕できるという幻想を振りまいている人がいます。しかし、それは「憲法九条絶対主義者」と本質的に変わりません。中国に対しても民主主義国が勝利するだろう、などという甘い考えは持たないほうがいいと、私は心から思います。

それからもうひとつ、「中国が2020年以降は世界一の経済大国になる」「軍事費でもアメリカを凌駕するときが来よう。人類史上初めて、発展途上国が世界一の経済大国になろうとしている。これは文明論的挑戦である」とありますが、これもおかしいですね。

中国が世界一の経済大国になることはありえません。中国が今日の（数字上ですが）経済大国にどのようにしてなったかということを考えてみればわかります。中国経済の成長は、アメリカや日本などの先進国が支援したからなのです。アメリカや日本が工場を移転したからなれたのです。そういう国が今後も経済成長を続けられるはずがありません。そんなことは常識的な話です。

経済学者が中国の経済成長がこうだとか、経済の実態がこうだとかというお話をされます。それはそれで良心的に勉強されているのだと思いますが、そういう方々は、そもそも中国が今日の経済発展をなぜ築くことができたかという原因をあまり言いません。まずアメリカが助けて、その次に日本が助けた。中国は「模倣《もほう》経済」で今日までやってきたわけです。それに過ぎないのです。

すでにアメリカはかなり引いています、日本も引いています。ただ、引きたいけれどなかなか中国から撤退することができないでいます。そんな状況なのに、日本の新聞は「中国へ進出しろ」などといまだに言っています。中国に対するこの根拠なき幻想が日本のメディアのなかで依然として広がっているということです。

私たちはもっと現実を見なければなりません。私は、「中国は張子の虎」だとずっと言ってきました。それは経済の基盤がなっていないからです。経済学者も政治学者もそのことを知っているはずです。でも彼らは言いません。それはなぜか？　中国は〝市場〟だからです。金儲けの対象だからです。アメリカにとってもそう、日本にとってもそう、EUにとってもそうだったのです。中国は一つの国だと考えるから、私たちは混乱してわからなくなるのです。中国は「国」ではなく「市場」なのです。

中国共産党の一党支配は、長くても数年のうちに終わります。これはもう多くの人が指摘していますが、終わります。それはなにも中国が崩壊するということではありません。巨大な「市場」としての中国は残るわけです。ですから、今度はまたその「市場」の支配を巡って、どのような権力闘争が行われるかということに過ぎないのです。

そういうことを２０２０年に向けて予想されるというのならわかりますが、中国が文明をひっくり返すということはありえません。「文明になる」という言い方はプロパガンダだと思います。

❖ 一人の人間の中に「国民」「市民」「住民」が共存している

それから村田さんは「この多様で寛容な市民社会は国家戦略なしには維持できないし、いくら戦略的でも社会が活力を失えば国も傾く」と書いています。その後が問題なのですが、「市民社会と国家戦略の両立こそが重要である」「よき市民はよき国民であり、よき国民はよき市民でなければならない」と続きます。

こうなると「市民」という言葉の定義が問題になってきます。村田さんは「市民」を「国家」と対立するような用語で使っておられるわけです。

かつて私たちは、市民運動出身で、国家観なき首相をいだいてとんでもないことになりました。覚えておられますよね。市民運動には国家観がありません。だからよき市民はよき国民であるとは断定できないのです。

ひとりの人間が、あるときは国民であり、あるときは市民であり、そしてあるときは住民です。一人の人間のなかにそういう側面が共存しているのです。ですから市民だけを強調することは間違っていますし、国民だけで物事を議論するということも間違っているわけです。

多様性というのは結果として生まれて来るものです。私たちが自分の唯一無二の個性を勉励《べんれい》し、それを発揮して社会のなかで生活をする。その結果、多様性というものが出て来るのだということをもう一度強調して、このテーマの結論にしたいと思います。

日本再発見 その四

【グローバリズムⅣ】

イスラム過激派テロの裏にあるもの

❖ イスラム過激派テロと共産主義暴力革命

以前、「テロは、伝統文化や習慣というものに対してその変革を強いる外的要因に対する反発から起こるものではないか」といった趣旨のご意見を頂きました。

分析としてはその通りだと私も思います。テロをこういう視点から分析するということは非常に重要なのですが、現実に生じていることとは微妙に差があります。そこで、ここでは現実に起きているテロとの関連で考えていこうと思います。

例えば、イスラムを見てみましょう。

イスラム以外の国からイスラムの伝統を破壊するような変革を強制する、そういう外的要因は現にあります。では、それに対する反発がどうしてテロになるのでしょう。いろいろな反発や抵抗の仕方があるのですが、それがなぜ私たちが目撃しているようなイスラム過激派のテロになるのでしょうか。

これはテロの理論というよりも、むしろ現実に生じている問題をどう考えるかということになります。結局、テロというのは事実上、殺人と同じことなのですが、それをどういうふうに考えるかということなのです。

テロはもちろん個別の殺人とは違います。ある政治的な目的のために無関係な他人を殺害する。そして問題は、それが正当化されるかどうかということです。

歴史を辿ってみると、テロは紀元前の昔からありましたが、ここで紀元前までさかのぼる余裕はありませんので、近年の歴史的な事件について見てみましょう。そうするとまずすぐに思い浮かぶのが「ロシア革命」です。

ロシア帝国の時代にはいわゆる恐怖政治が行われ、ロシア革命後にもテロが吹き荒れました。このロシア革命もテロも、ある一定の政治目的のために敵を殲滅《せんめつ》するという発想です。問題はそれがどこからくるのかということなのです。

私たちは、共産主義暴力革命というものが持っている意味というものを、もう一度考えてみなければなりません。

共産主義革命のときは、ブルジョア階級を殲滅し、その殺戮《さつりく》行為を正当化しました。ブルジョア階級に属する者を、有無を言わさず殲滅、殺害した、いや、言い方を変えると、殺害することを「正当化」したのです。

ところが残念なことに、ソ連が崩壊してからもう25年も経つわけですが、その共産主義の問題点まだ総括されていません。そこが問題なのです。

❖殺戮行為がなぜ正当化されるのか

そうすると、現在起こっているイスラム過激派のテロ（もちろん共産主義のテロとは違うのですが）というのは非常によく似ていることがわかります。イスラム過激派の主張を見てみると、彼らの行為はジハード（聖戦）となるのです。

例えば、ＩＳから言えばシーア派のイスラム教徒を殺害することは、ジハード（聖戦）だということになっています。有無も言わさず殺戮し、それを正当化しています。

その現象を見ると、共産主義の革命家が、階級の敵であるブルジョア階級を殲滅することを正当化したのと似ています。

人を殺してはいけないというのは『旧約聖書』の「モーゼの十戒」に出てきます。それくらい人類の昔からの問題なのです。

それなのにどうして殺戮を正当化できるのかということが、現在の世界を解くうえでの大きな関心事です。もちろん、シリア、イラク、あるいはヨーロッパで吹き荒れているイスラム過激派テロと共産主義テロとは、歴史的な背景もイデオロギーも違います。でも、やっていることは同じです。

つまり、明確な基準に基づいたものではないのです。とにかく、相手がブルジョア階級に属しているということだけで殺戮が正当化される、あるいはイスラム教のなかの違う宗派であるということだけで殺人が正当化されるのです。

そうすると、今、中東を中心に吹き荒れているイスラム過激派テロとは何だろう？その正体は何だろう？ということに関心を持って見ていかなければならないのです。

単にこれは、腐敗した欧米文明（彼らから言えばですが）に対する報復ではありません。もし、欧米文明に対する報復であるならば、ターゲットは欧米社会になるはずですが、必ずしもそうとはかぎりません。そこにイスラム過激派のテロ、特にＩＳなどのテロの問題があるのです。

どういう状況の下でイスラム過激派が出てきたかというと、最初にそれが目撃されたのはイラクということになっています。イラクが事実上無政府的、混乱状況にあって、それを埋めるかのごとく過激派のアルカイダが出てきたと言われています。

それからリビアに、「アラブの春」というのが吹き荒れました。これは、世俗政権を倒した民主化と称するデモでした。しかしその結果、リビアは無法状態になってしまいました。リビアはいまだに無法状態ですし、国家の体をなしていません。

エジプトでも一旦はイスラム系の政権が樹立されましたが、今は軍事政権に戻っています。

❖「アラブの春」は民主化運動ではなかった

「アラブの春」というのは本当に「民主化運動」であったのかということを、もう一度考えてみなければなりません。

私は「アラブの春は民主化運動ではない」と言い続けています。「アラブの春」はアメリカのネオコンが後ろで糸を引いた「政変クーデター」騒ぎだったのですが、問題は何でそういうことをやったのかということです。

結果としてイラクが、それからシリアが、リビアが無法状態になりました。そのなかで、イスラム過激派のテロが横行しているのです。「原因と結果」から考えると、まさにイスラム過激派のテロを横行させるために、「まず無法状態をつくり出す」ために行われたデモであり、騒乱であるとみることも可能なわけです。

そうすると、「アラブの春」というのはいったい何であったのかということがわかってきます。ところが、残念ながらわが国のアラブ専門家と称する方々は、こういうふうには「アラブの春」を解説しません。今のＩＳの問題もこのような視点からは解説しません。

彼らがＩＳの問題で言うのは、「カリフ国家の樹立を目指している」と、そういうところから出発するわけですが、それだと、今、なぜスンニ派のＩＳがシーア派政権を倒そうとしているのかということが見えてこないのです。そういう視点からは物事の半分も見えないのです。

今のアラブ諸国の国境は、ヨーロッパの旧宗主国が、意図的に、人為的に引いた国境です。したがって、民族分布に則してない国境であるということは事実でしょう。イスラム教から見た場合、いわゆる欧米文明というものがイスラム教の教義と反するということも事実でしょう。そうすると、それに抵抗する方法が本当にこういう過激派的なテロなのかということなのです。

こういうテロが起こるたびに、イスラム教の指導者は「こういうテロはイスラム教の教えではない」と弁明しています。私もそれはまったく同感です。

だいぶ昔のことですが、イスラム教指導者の話を聞いていたら、「イスラム教の教えを一言で言うならば、自分自身を愛するごとく隣人を愛しなさいということだ」と言っていました。

私はビックリしました。それはユダヤ教の教え、あるいはキリスト教の教えの神髄とも同じです。「あなたの隣人を愛しなさい」と「テロ」とは当然結びつかないわけです。

❖ ISはアメリカのネオコンが生み、育成した

私たちは今、なんとなくイスラム教とテロ、あるいはイスラム教と過激な運動とを結びつけて考えてしまいますが、そうではありません。はっきり言えば、それは洗脳された見方なのです。ISの正体は本当にイスラム過激派なのかどうかということも、もう一度考え直してみなければならないのです。

必ずしもイスラム教徒だけがISのメンバーではありません。それはすでに、一部は明らかになっています。私は、「ISというものがどうして生まれてきたのかを理解しなければ、今シリアで起こっていることもイラクで起こっていることもわからない」と、ずっと言い続けてきました。ISはアルカイダから発生したとか、アルカイダが変転してISになったとか、そういう理解ではISの本体はわからないのです。

シリアについて、アメリカとロシアの間で停戦を巡るいろいろな協議が行われていましたが、結局停戦には至りませんでした。新聞の論調では、最近ではむしろロシアが停戦破りをしているということになっているようです。

しかし、これはどう考えてもおかしいでしょう。ISを生んだのはアメリカなのですから。ISが現れて以来の様々なテロ事件とその他の諸々の事件との関係を一つひとつ

洗ってみると、どうしてもこれはアメリカの、（もっとはっきり言えば）ネオコンが育成したという結論にならざるをえないのです。

したがって、シリアで停戦が行われることは土台無理な話なのです。お互いの非難合戦になるというのは、最初からわかっていたわけです。何度も言いますが、私は、シリア危機はネオコンがシリアを無政府状態にするために仕掛けた内戦だというふうに理解しています。

このように理解すると、今起こっていることが非常によくわかります。シリアでこれだけ内戦の犠牲者が出ているのに、それに対して国際社会が一丸となって止めようという動きはありません。米露が一応停戦に向けて動き出しましたが、それは非常に微妙な、綱渡り的な停戦の枠組であって、それがうまくいかないことは最初からわかっているのです。

今でも反対派に対するお互いの攻撃は続いているわけですが、なぜこういう状態になっているかは、イスラム過激派の正体は何かということがわからないと理解できません。

シリアの内戦がなぜ止まないのかという、もう一つの大きな理由は、シリアがどんどん難民を出していることです。難民を出すことによって何をやるのかというと、「ヨーロッパを変革する」ということです。これは〝民族大移動〟なのです。

つまり、ヨーロッパに中東の難民を大挙して押し寄せさせ、ヨーロッパを内部から崩壊させるという、そういう長期的な戦略に基づく動きだろうと私は思っています。

本来、私たちは平和を望んでいるはずです。しかし、ほんの一部の人ですが、必ずしもそれを望んでない人たちがいるということを考慮して、今の国際情勢を見る必要があります。

そういう視点を持つということだけでも、今の国際情勢をこれ以上悪化させないひとつの力になっていくだろうと私は思います。

日本再発見 その五

「保守」対「革新」の対立軸はもう古い

【グローバリズムV】

❖「社会主義者」も「リベラリスト」も「国際主義者」である

今回は、「対立軸」についてお話ししようと思います。

政治の世界の対立軸といえば、つい最近までは、「保守」対「革新」でした。「自民党」対「社会党」、時にはそこに「共産党」を含める場合もありましたが、いわゆる〝保革〟の対立です。そういうかたちで、政治状況とか社会状況の説明がされていました。

しかし昨今の状況を見ると、先にも少し触れたように保守と革新の対立軸で物事を判断するということができなくなってきています。今までのように、自民党が保守で、民進党が革新であるというようには割り切れない状況になってきています。むしろ「グローバリズム」対「ナショナリズム」の対立軸で見たほうが、状況をよりよく理解できると思います。

この分け方でいくと、自民党は必ずしも保守ではないということになり、民進党も必ずしも革新ではないということになります。つまり、自民党の議員のなかにもグローバリストがいますし、民進党のなかにもナショナリストがいる。そう考えると、「グローバリズム」対「ナショナリズム」の対立軸で政界を再編成したほうがよりわかりやすいのです。

自民党政府内にあっても移民を推進する勢力もいます。この人たちは明らかにグローバリズム勢力で、決して保守ではありません。民進党のなかにもしっかりした国家観を持っている党員、政治家の方がいるわけで、この方たちは革新ではありません。

今から100年くらい前になるのですが、ジャーナリズム界の重鎮でウォルター・リップマンという人がいました。彼は、もともとはジャーナリストではありません。諜報員だったのです。彼が活躍したのは1910年代の後半で、ウッドロウ・ウィルソン大統領の広報委員会のメンバーでした。

彼の略歴にはこう書かれています。「当初、ウィルソン大統領の側近であった頃は社会主義者だった」そして、「そのあとにリベラリストになり、最後（1960年代の初め頃）はネオコンになった」と——。

今までの伝統的、因習的な観念からみると、リップマンは、左の社会主義者から真ん中のリベラリストになって、そのあと右のネオコンに移った人だと考えがちなのですがそれは違います。彼の略歴には、「（リップマンは）終生、国際主義外交の擁護者だった」と書かれています。つまり、社会主義者も、リベラリストも、ネオコンも、すべて「国際主義者」なのです。この3つは同種なのです。

私たちは社会主義者とネオコンは左右の対立する勢力だと思っていますが、社会主義者とネオコンは同じ勢力の裏表です。その共通項は〝国際主義〟なのです。

❖「ネオコン」は「トロツキスト」と同類

それではネオコンとは何でしょうか。じつは、ネオコンは「トロツキスト」と同じ思想なのです。

レフ・トロツキー（ウクライナ生まれのソ連の政治家）は「永久革命」を唱え、スターリンの一国社会主義と衝突して敗れ、最後は暗殺されます。永久革命は何かというと、「世界を共産主義で統一する」ということでした。

世界中で共産主義革命を起こし、世界を共産主義化することによって、共産主義国家ソ連も生き延びる――、簡単に言えばそういう理屈（考え方）です。

スターリンはそうではなくて、まず足元であるソ連という国を固めるということに舵を切りました。

そのソ連から多くのユダヤ系の人たちがアメリカに移住して、民主党の左派を形成していきました。しかし、１９６０年代になると移住者のなかには民主党のジョン・Ｆ・

ケネディやリンドン・ジョンソン大統領の対ソ連融和政策に我慢できなくなって、民主党から共和党に鞍替えした人たちがいました。それがネオコンの元祖です。今も基本的にはそうなのですが、ネオコンはユダヤ系の人たちが中心になっています。

ネオコンの狙いは何かというと、「世界をグローバル市場化する」ことです。典型的な例でいうと、ジョージ・W・ブッシュ政権のときがそうでした。ブッシュは世界をグローバル市場化するためにあちこちに戦争を仕掛けていったのですが、その裏にいたのがネオコン勢力なのです。

つまり、ネオコンというのはトロッキストの場合と同じで、「世界を統一しよう」というイデオロギーを持った人たちの集まりです。それをメディアなどが「新しい保守主義者」と訳して使うから、わけがわからなくなってくるのです。

ネオコンも、いわゆる社会主義者（共産主義者と言ってもいいのですが）も同じです。これらは世界を統一しようというイデオロギーを持った人たちなのです。

かつては、共産主義の「暴力革命」で達成しようとしました。しかし、今は暴力革命というよりも、むしろ「市場の力」で世界を統一しようとしています。その形態の違いはあっても、彼らが世界を統一しようという戦略を持っていることは昔も今も同じなのです。

これがわからないと、なぜ今、グローバリズムとナショナリズムの対立になっているのかがわかりません。繰り返しますが、リベラリストも社会主義者もネオコンも同じなのです。その共通項が先ほど言った「国際主義」です。リベラルというと何か知識人の象徴のように言われますが、リベラリストというのは最終的には「国境を廃止する」という考えの持ち主なのですから明らかに国際主義者と言えます。普遍的な価値が各国の伝統的な価値よりも上にあると考える人たち、それがリベラリストでもあるのです。

❖グローバリスト対ナショナリストの戦い

今、自民党のなかでも、支持基盤を広めるために「リベラルに舵を切ろう」などと言っている人がいますが、それは語るに落ちることだと思いますね。リベラルを主張するというのは、繰り返しますが、「国境をなくそう」ということです。

リベラルというのは知的で素晴らしい――、これこそ洗脳です。世界的なジャーナリストと言われているリップマンが、そのときどきに社会主義者であったり、リベラリストであったり、ネオコンであったりしたこと、それひとつを取ってみてもわかることなのです。

リップマンもユダヤ系ですが、私が申し上げたいのはユダヤ系だからそうだというのではなく、「世界を統一する」という思想が「ユダヤ思想」だということを言っているのです。

これは「人種」や「民族」の問題ではありません。「思想」の問題です。日本のなかにもたくさんいるではないですか。経団連や、自民党議員のなかにも国際主義者がいます。私がここで強調しているのは彼らの思想なのです。

今や保守と革新という対立軸では世界を理解することができないということを申し上げたのは、まさにそういうことなのです。アメリカ大統領選挙もグローバリスト対ナショナリストの戦いでした。イギリスのＥＵ離脱もそうでした。それが今、世界的規模で行われています。

自民党政府の「観光立国」というのもグローバリスト的発想です。

私は世界の交流が深まることを問題にしているのではありません。世界の交流を観光も含めて意義のあるものにするためには、私たちが日本の伝統文化というものをしっかりと守ることが必要だと言っているのです。

前々回、「型破り」のお話をしました。伝統的な型を破るには、その伝統的な型を極めなければならないという話でしたね。ですから、私たちが本当にグローバルに世界と交流するためには、まず日本の型を固めなければならないのです。

私たち自身が日本の伝統的価値というものをもう一度再発見するということが大切です。それによって日本という国の基盤を固めて、初めて本当の意味で私たちは世界的な規模で交流を拡大することができるのです。

今行われていることは、それをやらずにただとにかく、「外国人が日本に来ればいい、それで日本がグローバル化したことになる」「もっと日本の人材が外国で働けばいい、それがグローバル化したことだ」「もっと外資が日本に来ればいい、それがグローバル経済になったことだ」——、そういう間違った思想に基づいて行われているのです。

❖外国を尊敬するために外国の文学を学ぶ

こういう話をすると私はいつもウクライナでの経験を思い出します。

ウクライナでは小学校5年生（日本の小学校5年生と同じです）から外国文学を学びます。5年生になると日本の松尾芭蕉について学ぶのです。私が視察に行ったときも、むずかしい芭蕉の俳句について勉強していました。

なぜウクライナの小学校では外国文学を勉強するのでしょうか。それは、日本の文学を勉強することによってウクライナとは違った国民性を持つ日本（外国）に対する尊敬の気持ちを養う、そのために外国文学の授業をやっているのです。

つまり、「外国を尊敬するために外国の文学を学ぶ」ということです。なぜ外国を尊敬しようとするのか、そして尊敬できるのかというと、ウクライナ人自身が「自国の文化に誇りを持っているから」なのです。これは「型破り」の話とも一致しますね。

私たちが、私たち自身の型を持っていなければ型を破ることはできない、あるいは世界に出ていくことができないわけです。「根無し草」の日本人がいくら世界に出かけていっても、その人たちは人間として尊敬されないのです。

皆さんも経験があるかと思いますが、外国に行ったときに日本についていろいろと質問されると思います。その質問にちゃんと答えられる人が「日本人」であり、ある意味では「国際人」でもあるのです。

私たちはその順番を今まで間違えていました。まず「国際人になろう」「国際人にならなければいけない」ということが先に立って、「日本人である」ということがどうも等閑視《とうかんし》されていたように思います。

そうではないのです。今日限り、その考えを逆転させましょう。

私たちはまず日本についてもっと勉強し、日本についてもっと誇りを持つ――。そういうふうになって初めてグローバルな人間になれるということを、もう一度考えていただきたいと思います。

第二部

「日本経済」は必ず復活する

【経済Ⅰ】

日本再発見 その六

「アベノミクス」を成功させるウルトラC

❖ 民間人がマネーを供給している不思議さ

第二部は「経済」がテーマです。

まず、「アベノミクス」の問題を取り上げたいと思います。

最初にお断りしておきますが、経済学者や経済評論家、あるいは市場の専門家が云々するようなアベノミクスの問題点を検証するというわけではありません。アベノミクスというものがどのようにとらえられているのか、そのとらえ方のどこが問題なのかということをお話ししたいと思います。

アベノミクスはメディアを通じて言われているように、「金融緩和」と「財政出動」で経済を刺激している間に「成長戦略」(「第三の矢」)で経済を底上げするという戦略です。ですが、私は正直、この戦略の意味がよくわかりません。なぜ金融緩和と財政出動は別なのでしょうか。私たち国民は、その本当の意味を説明されずにこれまでずっと来ています。

金融政策というのは政府がやっているのではありません。日本の場合は日本銀行、つまり中央銀行がやっています。「政府は財政出動しかできない」——、ここが問題なのです。

私は前著（『和の国・日本の民主主義』ＫＫベストセラーズ）でもＧ７の財務省、中央銀行総裁会議の問題点を指摘しました。Ｇ７の会合の中身について指摘したわけではありません。「どうして財務相会合ではないのか」という問題提起をしたのです。

これまでも、Ｇ７○○会議というのがたくさんありましたが、どういうわけか財務省会議には中央銀行総裁が入っていました。

メディアは、それがどういう意味であるのか何も説明してくれません。あたかもそれが当然のように報道されています。しかし実際問題として、財務大臣と中央銀行総裁が一緒に会議に出ないと経済運営ができないということがあるのでしょうか。そうなのです、つまり、金融政策と財政政策はまったく別の人がやっているのです。

日本の場合は、政府が日銀に対して55％の株を持っているということになっています。そして場合によっては、総理の強い意志で日銀総裁を据えかえることができます。しかし、アメリカではそんなことはできません。大統領は追認するだけです。米大統領はＦＲＢ（連邦準備制度理事会）には一切口出しができない。そういうシステムになっているのです。

だから金融と財政は別なのです。私たちが経済活動で最も重要なマネーは、民間人が供給している――。政府ではない。ここにすべての経済問題の元凶があるのです。

結論を先に言えば、この問題を解決しない以上は、いくら成長戦略を考えても本当の意味での成長戦略は出てきません。しかしそう言って仕舞うと私の話すことはなくなりますので、成長戦略と言われるものの問題点をこれから話していきたいと思います。

❖国内の企業にお金が回らない理由

現在、個人消費は伸び悩み、企業の投資活動が足りていません。しかしなぜ個人消費が伸び悩んでいるのでしょうか。企業の投資活動が足りないのでしょうか。その理由についてはほとんど報道されません。つまり、この「理由」についてメディアは真剣に議論をしていないのです。

確かに日銀は金融緩和をしたということになっています。市場にマネーをどんどん供給しました。日本の銀行にマネーを供給しました。しかし、日本の銀行はそのマネーを使って国内投資をやっていないのです。ほとんどのマネーを海外投資に振り分けています。なので、いつまでたっても日本の国民は、経済の回復の実感が味わえません。お金が日本国内に回らないわけですから当然です。

そして、お金を回さないのが日本の銀行です。彼らに言わせると「お金を回すところがない」のだそうです。しかし、本当にそうでしょうか。

今、日本国内には設備投資を必要としている企業はたくさんあります。新しい技術開発に取り組んでいる企業もたくさんあります。どうしてそういうところにお金が回らずに、潤沢な資金が外国への投資に回っているのでしょうか。

日本のなかでの生産に回らずに、外国への投資に回っているということが、アベノミクスが当初期待された効果を上げていない最大の理由だと思います。

銀行は、外国にはどんどん投資しています。銀行にしてみれば「国内に投資しても儲からない」ということでしょうか。利子率が低いですからね。企業に投資しても1％の利子がとれるかどうかわからないとなれば、若干のリスクがあっても、リターンを期待できる外国企業に投資してしまうということになってしまうのかもしれません。

ですから、残念ながら金融緩和をしても、「国内にはお金が回らなかった」ということになってしまったのです。

❖「規制緩和」という原理主義

もうひとつ、メディアの主張で疑問に思うところがあります。「強い経済の実現には、農業などで既得権益に一段と切り込む必要がある。痛みへの反発が予想されても、規制改革などの道筋を示すことをためらうべきではない」という考え方です。

これはもう洗脳です。どういうことかというと、「既得権益」、それから「規制改革」という言葉が問題なのです。「痛みがあっても規制改革を断行しろ」と言っています。これは言葉による明らかな洗脳です。「農業などの既得権益」とはいったいなんのことを指しているのでしょうか。

これは、既得権益を「享受している人たち」が、他の分野の既得権益を攻撃しているわけです。「享受している人たち」とはもちろん新聞社のことです。新聞メディアは「既得権益者」なのです。

10％の消費税は延期になりましたが、8％の軽減税率を主張し、それを獲得したのは新聞業界です。これが既得権益でなくてなんでしょうか。テレビの地上波も同様です。今、既存の放送局は電波を独占しているではないですか。彼らこそ既得権益者です。

メディアが言っている農業とは、農協のことを言っているのかもしれません。「農協は既得権益者だ」と言っているのでしょう、きっと。これなどは聞くに堪えない議論だと私は思いますが、今、まさにこういうおかしな議論がまかり通っているわけです。

規制緩和があたかも素晴らしいことだと言われていますが、これは原理主義者の主張です。規制緩和の中身を言わずに、「規制緩和は重要だ」と言っているのですから。そういえば、憲法改正論議の場合も同じですね。改正の中身を言わずに、ただ「憲法改正反対！」なんて言っていますね。これって、まず日本語としてもおかしいでしょう。憲法を「改正＝良くすること」に反対と言っているのですから。

言葉尻だけをとらまえての批判と言われるかもしれませんが、とにかく中身の議論ではありません。つまり、これらは「原理主義の議論」をやっているのです。「規制緩和は善だ」、そして「憲法改正反対！」と――。

それから、「構造改革の推進」の場合も同じです。どういう構造改革をするのかということは一切問わない。私流に解釈すれば、構造改革も規制緩和も「外資が日本で自由にビジネスできる、そのための規制緩和であり構造改革」ということなのです。

❖ガラパゴスの政策を遂行する日本

「失われた20年」とよく言われますが、その間、構造改革も規制緩和も、確実に進んできました。それは一言で言えば、日本の企業の経営形態をアメリカ式の経営形態に変えるということでした。大企業においてはほとんど成功しました。でも、そこで日本の企業の国際競争力は落ちたのです。

それなのに日本の企業はいまだに「グローバル市場で勝ち残るためにはさらなる構造改革と規制緩和が必要だ」と言っています。大企業の経営者の立場から言えば、「労働者をいつでも切れる（クビにできる）体制にしてくれ」と言っているのです。でも、彼らはそういう言い方はしません。

「構造改革が必要だ」「労働市場の流動化が必要だ」と言うのです。これも原理主義的発想です。

その中身は何なのか、どういうプラスがありどんなマイナスがあるのか、ということは一切言わずに、言葉だけで人々を洗脳している。こういうことが現に日本で行われているのです。こういう状況が続く限り、残念ながらアベノミクスは成功しないと思います。

特に問題なのは「成長戦略」と言われるものです。〝良心的〟な経済学者と言われている方が主張されている戦略です。

成長戦略というのは、新自由主義に基づいているものです。新自由主義は世界経済の実態から言えば「ガラパゴス」なのです。すでにアメリカでやって失敗しています。イギリスもそれをやって失敗しました。しかし、どういうわけか日本だけがいまだに新自由主義の経済政策を遂行している……。不思議ですね。日本は世界から10年、あるいは20年遅れの新自由主義経済を徹底しようとしているのですよ。

例えば、金融庁と東京証券取引所が推進している「コーポレート・ガバナンス・コード」というのがあります。これは一言で言えば「アメリカ式経営をやれ」ということです。つまり、「株主資本主義の経営形態になれ」ということです。これは日本の強みであった「日本式経営方式を廃止する」ということなのです。そして、この方針に従った日本企業は、今、どこも問題を抱えています。

日本式経営方式を廃止してどうなったでしょうか。労働者は単なる「コスト」になってしまいました。コストを下げなければならないときは、労働者のクビを切らなければならない。だから労働者はできるだけ「派遣」がいいということになるのです。

そうなると、事務であれ、営業であれ、派遣労働者の働きというものは、従来の正社員の働きとは違ってきます。それはやむを得ないことですね。単なる労働力としてしか認められていない。いつ首を切られるかわからない。そういう立場にいる人たちが全力を捧げて会社の仕事に打ち込む気分になれないのは当然のことです。

昔の日本式経営というのはそうではありませんでした。社員は会社と一体でした。経営陣と社員は一体であったのです。だからこそ１９８０年代には、アメリカに追いつくくらいの経済発展を遂げたわけです。

❖崩壊させられた「日本式経営形態」

日本が経済的に急成長してから、アメリカの逆襲が始まります。それは、1985年の「プラザ合意」から始まりました。それがあからさまになったのは、冷戦終了後ですが、日本はアメリカの、事実上「仮想敵国」になったのです。何を攻撃されたのか。「日本式経営形態」が徹底的に攻撃されました。そして今、日本の企業は、ほぼ解体し尽くされてしまいました。ですから、日本経済が不況に陥るということと「日本式経営形態」が解体される過程は同じでした。

こうしてみれば答えは簡単です。経済学者に経済発展の方式を聞く必要はありません。私たちの「常識」で考えればいいのです。常識のほうが学者の理論よりも勝《まさ》っていると私は常々思っています。私たちが祖先から連綿として繋いできた日本人としての常識――、そこに戻ればいいのです。「日本的経営」に戻ればいいだけの話なのです。

終身雇用、年功序列、系列におけるお互いの協力――、そういう「日本的経営」をすればいいのです。これらのどこが悪いと言うのでしょうか。

かつて私がタイに勤務していたときに、「アジア経済金融危機」が起こりました。タイの金融危機から起こったのですが、このときウォールストリートは何と批判したと思いますか。「クローニー・キャピタリズム（仲間うちの資本主義）がいけない」と。仲間うちの資本主義を遂行している張本人たちが、他国に向かって、そういうことをやるのはいけないと言ったのです。当然、日本も彼らのターゲットになりました。有名な「護送船団方式」もこれによって潰されました。

その結果何が起こったかといえば、「過当競争」が起こります。「競争」というときれいなものに聞こえますが、これも原理主義的な発想です。「競争は悪い」とは誰も言えないですから。

しかし、競争の中身は何かということを考えないといけません。私たちがどれだけ経済的な犠牲を強いられてきたかということは、早く検証されなければならない問題であると思います。

世界の市場を握っている人たちは、なんとかして日本の経済システムを崩壊させたいと思っていますが、それはまだ完成していません。その証拠をこれからあげましょう。

❖ＩＭＦは世界を「グローバル市場化」する機関

ＩＭＦ（国際通貨基金）のデビッド・リプトン筆頭副専務理事が日本で記者会見をしたことがあります（２０１６年６月）。そこで、彼は日本経済にいろいろイチャモンをつけました。

これはあきらかに内政干渉です。それだけでも呆れるのに、話の内容はもっとびっくりするものでした。

「消費税を年率０・５〜１％くらい引き上げて、少なくとも15％にせよ」と言い、それも「毎年引き上げろ」と言うのです。さらに、「政府は賃上げしない黒字企業には、罰金を用いてでも賃上げをさせろ」とも言ったのです。

これはもう自由主義経済ではありません。共産主義経済です。こういうことをもっとメディアは指摘すべきです。

ただ、私はＩＭＦがこういう牽制をすることにはそれほど驚いてはいません。世界をグローバル市場化しようということは共産主義化することと同じことなのですが、ＩＭＦというのは共産主義者の集まりですから。つまり、世界の金融資本家というのは共産主義者なのです。このことが腑に落ちたら、この世界の秘密がわかります。

彼らは、企業に罰金を課してでも賃金を上げさせろと言っています。これはかつての共産主義国・ソ連がやってきたことと同じです。つまり、企業は当時の共産党の手先に過ぎなかったわけです。だからＩＭＦが言っていることの裏側を読んでいけば、こういうこともわかってくるのです。

さらにリプトンは、「女性と高齢者の労働を拡大し、外国人労働者も受け入れよ」と発言しました。つまり、「移民を入れろ」と言っているのです。なぜＩＭＦに「移民を入れろ」と言われなければならないのでしょう。いったい誰のための日本経済なのでしょうか。

ちなみに、日本に移民を入れろと言っているのはＩＭＦだけではありません。アメリカのＣＩＡもそのようなリポートを出していました。イギリスの経済誌エコノミストも言っていました。ですから、いつの間にか「１０００万人移民構想」というのがひとり歩きしています。自民党のなかでも一生懸命になって「移民を入れよう！」とやっているではないですか。

目に見える圧力、目に見えない圧力も含めて、世界は今、日本を締め上げているのです。

ＩＭＦは各国の経済政策に干渉する機関です。それはアメリカ在住の政治学者ズビグニュー・ブレジンスキーがはっきりと言っています。「ＩＭＦは世界をグローバル市場化する機関だ」と――。

ブレギンスキーは、「世界をグローバル市場化する国際機関で、足りないのは移民を扱う機関だ」と言っています。「民間の移民機関はあるけれど、移民の国際機関がないのでつくれ」と主張しているのです。

でも、移民の国際機関をつくったらどうなるか。もし将来、そういう国際機関ができたら（私はできないと思っていますが）、移民国際機関から「日本の今年の移民受け入れ人数は50万人です、１００万人です、２００万人です」と押し付けられることになるのです。

また、「金融緩和策のひとつとして国債を無制限に発行して経済発展に繋げよう」と言われることもあります。つまり、政府が国債を無制限に発行し、それを中央銀行（日本であれば日本銀行）が無制限に購入しろということです。

なぜ政府が借金しなければならないのでしょうか。そんな根本的な疑問に対して私たちは答えてもらっていません。

アメリカの著名な経済学者ジョセフ・スティグリッツは、「政府が通貨を発給すればハイパーインフレーションになる」と説明しましたが大間違いです。過去には政府が通貨を発給した国がありました。アメリカもそのひとつです。アメリカではエイブラハム・リンカーン大統領が発給しました。ジョン・F・ケネディ大統領も発給しました。しかし、ハイパー・インフレにはなりませんでした。

だからハイパー・インフレ論というのは間違っているのです。これも原理主義的発想です。政府が通貨を発給すればハイパー・インフレになるというのは、何の根拠もないことなのです。

アベノミクスを成功させる最大のウルトラCは、政府自らが通貨を発給することです。必要な通貨を政府が独自に発給すればいいのです。それによって日本経済は必ずよくなります。日本経済だけではありません、世界の各国が、政府が責任をもって通貨を発給すれば、世界経済の不況は一瞬にしてなくなるはずです。

【経済Ⅱ】

経済合理主義時代の終わり

日本再発見 その七

❖ いつまでも負け惜しみを言うメディア

本章のテーマは、「経済的合理主義」です。しかし、「経済学」の話をするわけではありません。「グローバル市場化」という動きが少し止められつつあるという話です。別の言葉で言えば、「経済合理主義時代が終わりを迎えつつある」ということについてお話しします。

以前、産経新聞ニューヨーク駐在編集委員の松浦肇さんが「英国EU離脱に見る21世紀版『経済人の終わり』」というタイトルで記事を書いたことがあります。

この記事を読んで私は驚きました。まだこういうことを考えている人がいるのかという驚きです。短いコラムですが、全体的に「イギリスの離脱決定というのは、大衆迎合主義だった。これは世界にとって危険なことだ」というトーンで貫かれているのです。

イギリスのEU離脱問題というのは、先の国民投票（2016年6月、離脱派の勝利）で決着がついた話です。それをまだ未練がましく、離脱派は大衆迎合主義だと言っているのです。

先般の参議院選挙（2016年7月）で決着がついた問題を、またぶり返してグズグズ言っている人がいますが、これとよく似ています。国民投票であれ、選挙であれ、すでに出ている結論についてあれはおかしいと言うこと自体、民主主義の原理に反するわけですが、多くのメディアがいまだにそういうことをやっているのです。

今、世界は大きな意味でのパラダイムシフトが起こりつつあります。つまり、今まで私たちが当然のことだと思っていた世の中の仕組みや世の中の発想が変わりつつある。私は、底流としてはすでに変わったと思っていますが、実際の政治や経済などの社会の動きとしては、まだ十分には変わりきってはいません。しかし、着実にそういう方向に向かって動き出していることは確かです。

いまだに負け惜しみを言っている人（日本のメディアはほとんどがそうです）は、イギリスの国民投票でＥＵ離脱を唱えた人は、みな醜い大衆迎合主義者だったと言うのでしょうか。離脱に投票したのは魔術師に騙された人たちだったとでも言うのでしょうか。「離脱派が感情的に行動した」と言うことが、知識人の証明になるとでも思っているのでしょうか。

少なくとも私が知る限り、知識人の多くがＥＵ離脱派に対してこのようなラベリングをしています。そういうのがメディア全体の動きだったわけですが、そういうメディアが負けたわけですね。イギリスの国民投票の最大の敗者は誰かと言えば、これは世界のメディアだったと、私はあらためて思いました。

❖間違った経済学の学説に従ってつくられた政策

しかし、この「経済人の終わり」は、じつは非常に深い意味を持っています。つまりこれは、これまでの経済学が間違っていたということを証明しているからです。今、世界で起こっている様々な事象は、私たちがこれまで普通に習い、教わってきた経済学の前提が間違っていたということの証明でもあるのです。

「人間は、経済合理主義に従って行動する」ということが経済学の前提になっていたわけですが、私たちの日々の生活は、必ずしも経済合理主義に基づいて様々な選択をしているわけではなかったということです。

経済合理主義というと、何か高尚なものに聞こえますが、要するに「金儲け」のことです。つまり、人間が「お金の魅力に従って行動する」ということが経済学の前提としてある。でもそうはっきり言うと、世の中の経済学者はみな失職する危険がある。だから、経済合理主義という言葉を使ってこれまでの経済学は立てられてきたわけです。

私は、経済学が学問の範囲でとどまっているのであれば別に問題はないと思うのですが、政策の前提になるのは非常に問題だと思います。例えば、アベノミクスで言われている「第三の矢」ですが、ここでいう成長戦略は間違った経済学の学説にしたがって政策がとられています。だから問題なのです。

一言で言えば、間違った経済学の学説に従って成長戦略を進めても日本経済は成長しないということです。なによりも、この成長戦略の前提となる「新自由主義経済学」の理論が間違っているわけですから。

どういうことかと言うと、「人間はお金に従って行動する」ということを前提にしているからです。簡単に言えば「人間の行動はお金を儲けるためにする」と——。だから「政府は市場には介入するな。市場まかせておけば自然に均衡が保たれる」と言うわけです。これですべての人間がハッピーになるというのです。

経済学者はむずかしい言葉で、いろいろな用語を駆使して説明していますが、「人間は金儲けのために生きている」ということを前提に組み立てています。

今、なぜ日本経済は成長しないのかということがメディアで盛んに言われていますが、それは当たり前のことです。間違った経済学理論のうえに成り立っている経済政策を遂行しているのですから。

実際の経済政策は、経産省や財務省、あるいは関連省庁が立てているのかもしれませんが、その人たちが前提としている新自由主義思想がそもそも間違っているのですから、まさに間違いの上塗りになるのです。だからどんなにこの新自由主義的経済政策を進めても、日本経済は成長しません。新自由主義経済議論というのは、「個人主義」を前提としているからです。

こういうことは誰も言ってくれません。でも、私たち日本人は個人主義で生きてはいないのです。個人主義というのは日本の国体には馴染みません。どちらかというと、日本人は集団的思考を好みます。しかもこれまでのわが国は、集団的な発想に基づくやり方で経済成長を達成してきたのです。

ところが今は、個人主義に基づいた企業経営をやろうということが主流になっています。その結果、かつては一流企業と言われた企業でもいろいろな不祥事や問題が、次から次へと出てきました。アメリカでさえ見直されている古い政策に、いまだにしがみついているのが、残念ながら永田町であり、また霞ヶ関でもあるのです。

❖「稲作」にみる日本人の経済観

今回、私が強調したかったことは、この経済的合理主義の追及ということが、日本の国体には合わないということです。これを早く改めないと、いつまでたってもアベノミクスは成功しません。これは単にアベノミクスの問題だけではありません。世界の潮流のなかで、日本がどういう経済政策をとるかということは、今後の世界情勢を決めるうえで決定的な要素になると私は信じています。

「個人主義を徹底したのが今のグローバリズムである」と言っていいかと思います。フランスの経済学者ジャック・アタリは、「市場が国家をもうすでに凌駕している」と言っています。そして「市場の勝利はマネーの勝利だ」とも言っています。さらに彼は、こう続けています。「これは個人主義の勝利だ」と――。

このあたりまでくると、どういう意味かわからなくなりますね。なぜ市場の勝利は個人主義の勝利なのか。つまりこれは国家ではなくて、個人が市場を構成しているということをアタリは強調しているのでしょう。ただ、これが問題なのです。

イギリスのEU離脱の選択は、極論すれば「市場と国家の選択」だったと私は考えます。EUは「市場」なのです。だから残留派はEUという「市場」をとる、離脱派はイギリスという「国家」を重視する。そういう戦いであったわけです。そこで国家を選んだ人が勝ったということで、今の世界情勢に大きな衝撃を与えたのです。

私たち日本人の経済観は個人主義的な経済観ではありませんでした。つまり、共同体的な経済観でした。それは日本の勤労観というか、経済観の根本である「稲作」にその源流があるのです。

稲作というのは決して個人主義ではできません。現在はともかく、昔は広い田んぼの田植えは個人ではできませんでした。村落共同体が一緒になって苗を植え、稲を刈りとったのです。これが日本の経済観の根底にあったと言えるでしょう。

❖日本人は神様の子供。神様と一緒に働くのは当たり前

もうひとつ重要な点は、経済合理主義というのは、まさに私たちの労働観、勤労観とはまったく違う思想であるということです。私たちの伝統的な勤労観というのは、労働は神事であり、自らの仏道修行（自らを高める）の場であるということです。そのような思想で古来続いてきました。

かつて、日本人は「働き蜂」と言われていました。夜遅くまで皆が働いていました。しかしそれは、単にお金を稼がなければならないので残業をいとわなかった、ということではないのです。

私も公務員をやっておりましたが、公務員は基本的に、働いた分すべての残業代をもらっていません。役所の予算には制限があるからです。にもかかわらず、公務員は夜遅くまで働いていたのです。残業手当のない残業について不平を言うこともなく、みんな

がやっていました。それはその仕事そのものがひとつの「修行の場」でもあったからだと私は思っています。

振り返ってみて、私にとって仕事は決して苦痛ではありませんでした。もちろんうまくいくときといかないときがありますし、ストレスは当然感じます。しかし労働というものは、私たち日本人にとって決して苦痛なものではなかったはずです。そこはある意味「魂修行の場」でもあったわけです。自分の存在意義を確認する場でもありました。

こういう発想は、『古事記』の時代からあります。あらためて『古事記』を読んでみますと、高天原《たかまがはら》の神々もじつは働いておられた。だから、神々から生まれたと『古事記』で言われている私たち日本人が働くのは当たり前なのです。神様の子供なのですから。私たちの生みの親である神様が働いておられれば、私たちも働くのは当然のことでしょう。

TPP（環太平洋戦略的経済連携協定）の最大の問題点とは、農業を自由貿易の対象にしたということにあります。あるいは、貿易交渉の対象にしてしまったということが問題なのです。そもそもわが国の本来の農業のあり方に反するものだったということだと思います。

したがって、いくら農業の競争力を高めると言ってみても、国際的な競争力がつくようになるとは思いません。最初から日本の農業にはハンディがあるわけです。このような狭い土地で農業をやっているわけですから当然です。

逆に言えば、農業というのは保護されなければならない分野です。それは日本だけのことではありません。お隣の国でもそうでしょうし、アメリカの農業もEUの農業もそうです。実際、それらの国々では農業を保護しているのです。

「食」というものは自由貿易には馴染みません。というより馴染ませてはいけないものなのです。そういった発想を私たちは持たなければなりません。私たちが農業を無視すれば、日本の産業全体が崩壊することになってしまいます。

❖昔の日本に帰ればいいだけのこと

こういうことは、工業製品の国際競争力のことだけしか頭にない官僚の方々には、なかなか理解されません。しかしそういうことも含めて、経済合理主義というものを私たちは終わりにしなければなりません。いや、すでにその終わりは始まっているわけですが、私たちはまだそれにしがみついているのです。

経済合理主義を一日でも早く終えることが、21世紀の新しい世界的な経済秩序をつくるその土台にもなるということだと、私は思っています。今のように、日本政府が20年、いや30年遅れの経済理論に従って経済政策を立てていたのでは、いくらやっても日本は経済成長できません。

日本が経済成長するのは簡単だと思います。昔の日本に帰ればいいのです。要するに、もう一度「日本的経営方式」に変えればいいのです。先ほど『古事記』を例としてお話ししましたが、『古事記』以来連綿と続いている私たち日本人本来の「仕事観」「経済観」に戻ることが肝要です。仕事というのは魂修行の場である、仏道修行の場であるという、そういう仕事観に戻ることです。

仕事はお金儲けの場ではありません。結果としてお金は必要ですが、多くの日本人は、お金儲けのためだけに仕事をしてきたわけではないのです。自分の精神を磨くために、修行の一環として仕事をしてきたわけです。

私たちが定年で退職しても、できれば仕事を続けていきたいと思うのは、単に生活上の理由（年金額が少ないということもないわけではありませんが）だけではないと思います。それよりも、引き続き魂修行、あるいは精神修行を続けていきたいという思いが（意識していなくても）あるのではないでしょうか。

日本人にそういう思いがある以上、まだまだこのグローバルな競争のなかでも日本は生き残れるはずです。

グローバルな競争のなかで生き残る最大のやり方は「ローカル主義」になることだという、一見逆説的な結論になります。私たちが日本の本来の生き方に戻る——。本来の生き方に戻ることによって、このグローバル競争を生き抜くことができるのです。

日本再発見 その八

【経済Ⅲ】

日本人の労働観と日本の伝統的な経営方式

❖「新嘗祭」が、いつの間にか「勤労感謝の日」に

今回は、「働き方改革」がじつはものすごく危険なものを含んでいるということをお話しようと思います。

「働き方改革」というと何となく素晴らしいもののように聞こえますが、この改革は日本経済を崩壊させる危険があります。

先般、気の毒な事件がありました。電通の若い職員の過労による自殺です。とても悲しい出来事でしたが、そのときの報道で、ひと月の残業時間が70何時間とありました。私はこれを聞いて逆にびっくりしました。というのは、（私も霞ヶ関におりましたが）霞ヶ関の官僚は、誰でも月に100時間以上は残業しているからです。それが普通です。私の同僚には200時間やっているという人もいました。

でも、これは単に時間だけの問題ではないのです。後でわかったことですが、その70何時間というのは過少申告でした。70時間以下に抑えるように会社から指導されていたのでしょう。実際に、電通における労働環境は厳しいものがあったと思います。そもそもあの事件は残業時間の問題ではない、そう思います。

政府が「働き方改革」で何をやろうとしているかというと「残業を減らそう」と言っています。とにかく日本はこれまで何かというと「労働時間を短縮しよう」とやってきました。「祝日」をずいぶん増やしましたが、それでもまだ休みが少ないとか、残業が多すぎるとか言っています。

ところが、日本の祝祭日は世界でも多いほうです。私も仕事柄いろいろな国に勤務しましたが、どの国でも祝日は日本よりもはるかに少ないのです。

また、「山の日」だとか、「海の日」だとか、意味のわからない休日ができましたが祝祭日になんの思想もありません。とにかくなんでもいいから休日にしてしまおうということで祝日を増やしていったのです。

これについてはもっと深い問題が当然あるわけです。

例えば、「勤労感謝の日」があります。これは戦後になってGHQが、「新嘗祭《にいなめさい》」を「勤労感謝の日」に変えたのです。そのために「いったい何に感謝する日なのか」というのがわからなくなってしまいました。

新嘗祭というのは、その年に獲れた新米（穀物）に感謝し、それを神様に捧げるというお祭りです。もちろん今でも11月23日には、皇居で天皇陛下によってこの祭事が執り行われています。それがいつの間にか「勤労感謝の日」になってしまった……。

11月3日も、どうして「文化の日」になっているのかがわかりません。この日は「明治節」です。言うまでもなく、明治天皇の誕生日です。

いずれ11月3日は「明治節」＝「明治の日」に戻ると私は思います。これは他の休日に比べて一番スムーズに戻せるのではないでしょうか。すでに昭和天皇の誕生日である4月29日は「昭和の日」になっていますから。そういうことから言えば、11月3日を「明治の日」にすることには何の問題もないでしょう。

このように、徐々に本来の日本の祝日に変えていくべきだと私は思います。

❖日本人の労働観と欧米の労働観の違い

先にお話ししたように、日本の祝日というのは神事でした。それが日本の伝統であるわけですが、同時に労働、あるいは勤労も神事なのです。

前章でも説明しましたが、日本の伝統的な発想から言えば、神様がまず高天原で働いておられた。だから、神様の子孫である私たちが働くのは当たり前のことなのです。勤労というのは「労」に「勤しむ」ということです。

それと同時に、日本の伝統的な勤労の考え方は欧米のそれとは異なります。

欧米では労働というのは罰なのですが、日本では違います。勤労は神様の罰ではありません。そこが日本の特徴です。私たちは労に勤しむ――。日本人は、欧米とは違った労働観、勤労観を持っているのです。

江戸時代に鈴木《すずき》正三《しょうさん》という禅宗の哲学者、というかお坊さんがおりました。あるとき、農民がその鈴木正三にこう聞いたそうです。「自分たちは農作業に忙しくてとても仏道修行をやっている暇がない。自分たちはどうしたらいいのか」と。その問いに正三は、「日々の仕事が、即、仏道修行である」と答えています。

これは日本の伝統的な発想ですね。私たちの仕事というのは神事である、神様と出会うことである。神様が仕事をしておられたから私たちも仕事をするということです。仕事によって神様と出会うということですから、仏教的な角度から言うとそれは仏道修行だということになるわけです。

だから農民は農業に、職人は工業に、そして商人は商業に専心する。それによって魂の修行をする、仏道、成仏のための修行をするということになるのです。江戸時代に、そういうことを喝破した思想家が日本にはいたのです。

私たちの、日本人の労働観というのはまさに「勤労」なのです。決して罰としての労働、強制としての仕事ではありません。魂修行の場でもあるわけですね。

昔の会社は、どこもそうだったと思います。だから、サービス残業は別にいとわなかったわけです。前述の通り、官僚も遅くまで仕事をしておりました。だいたい夜中の12時ぐらいまでは仕事をしていました。しかし、それは誰かに命令されてやっていたわけではありません。何となくという言い方は変かもしれませんが、とにかくみんなそうやって仕事をしていたわけです。

❖伝統的な経営方式の大切さ

日本には、仕事というのは決して苦痛なものではないという伝統がありました。それが今は、労働が苦痛になりつつあります。ですから、できるだけ労働時間を短くするということを政府が推進しているのです。

もちろん実際問題として、労働の現場では苦痛を感じるようなことが多々あることは十分承知しています。しかし、人間に罰として与えられた苦痛ではないという考え方が、まだ何となく残っているのではないかという気はいたします。

定年で退職してもまだ働きたいという人が多いですね。それは年金だけでは生活できないという事情もあるでしょうが、仕事をやめるということは自分の修行もやめるということでもあるからです。

今は、そういう意識を持って仕事をしている方は少ないかもしれませんが、そういう日本人のＤＮＡがいまだ残っているはずです。その日本の伝統的な労働こそがわが国固有の働き方だったのですが、それを変えようというのが今のグローバル企業なのです。

日本の多くの企業がアメリカ型の経営方式に徐々に変わっています。ですから極論すると、もう正社員なんかいらないということにもなるのです。

現にそういうことを唱えている経済評論家もいます。「みんな派遣にしてしまえ」ということです。これは、かつての日本の伝統的な経営方式を破壊するものです。

今、いわゆる一流企業といわれるようなところでも様々な問題が生じています。最近では東芝がそうでしたし、かつてはソニーや日産のような大企業もそうでした。

なぜそういう流れになっているのでしょうか。

それは今が日本の伝統的な経営方式からアメリカ的な株主資本主義的な経営方式に変わる移行期になってしまっているからで、多くの企業でいろいろな矛盾や問題が出てきたのだと思います。

ですから私は、「働き方改革」では働く時間を短くするとか、あるいはフレックスタイムを採用するとかではなく、昔やっていた「日本的経営」に戻せばいいと思うのです。日本的経営の特徴は「終身雇用」であり「年功序列」でした。それではグローバル競争に勝てないという洗脳が行われてきたのですが、私はそうではないと思います。

企業において一番重要なのは社員です。そう考えると、終身雇用というのが意味を持ってくるわけです。

能力主義というのは一見効率的に見えます。しかし、それは軋轢《あつれき》もまた多く生みます。年功序列というのは、それなりによく考えられた制度でした。もちろん、どの制度にもマイナスなことはあります。しかし、マイナス面だけを強調して「この制度は悪い」というのは間違っているのではないでしょうか。

日本再発見
その九

【経済Ⅳ】

プーチン大統領の構える
ミットに投げこむボールは？

❖ 譲歩する前に強く出るのが外交の常套手段

今回は、北方領土問題を中心とする日露関係、日露の経済協力についてお話ししたいと思います。

すでに私は、いろいろな機会に日露関係の問題点を指摘してきました。しかし、残念ながら多くのメディア（知識人の多くも）は、まだ焦点を外した、すっとんきょうな議論に終始しています。

私は決して北方領土交渉を楽観視しているわけではありません。しかし、悲観もしておりません。リマにおける日露首脳会談において、安倍総理が会談の後に話されたことに尽きるのですが、北方領土問題というのは、結局安倍総理とプーチン大統領の二人で決断する以外に答えは出てこないのです。周りでいろいろなことを言うのは、意味がないだけではなく害になるだけだと思います。

ロシアは、何かを発言するにしても役割を分担していると思います。プーチン大統領が厳しいことを言っているということですが、プーチン大統領以外の人はもっと厳しい言い方をするわけです。それで日本は参ってしまうのです。

これまで、「こんなにロシアが厳しいこと言っているのではとても北方領土問題の解決は無理だろう」と思ってしまっていました。いわば、戦わずして負けていたのです。しかし、私のささやかな外交実務の経験から言えば、「譲歩する前には強く出てくる」ものなのです。

私が担当したのは北方領土問題ではなく技術的な協定での交渉でしたが、そのときもソ連は、最後の詰めの直前には強く出てきていました。しかし、こちらも譲らず主張を貫いていると、最後には向こうが譲歩してきたのです。

多くの場合、相手が強く出ると「これはなかなかむずかしいな」と勝手に思い込んでしまうわけですが、それでは相手の思う壺です。

ですから、今回、プーチン大統領が今までの会談のときよりも厳しいことを言ったとメディアは報じていますが、私は北方領土交渉がこれで遠のいたとはまったく思っておりません。

強いことを言うというのは、相手も真剣に考えているということです。このときにこちら側が降りてしまったら駄目なのです。これは交渉のイロハです。

ところがこのところ、残念ながらわが外務省は、そのイロハが徹底されていなかったということです。

独裁国に対しての交渉では、このイロハが特に強く現れます。かつてのソ連は独裁国でしたが、今のロシアは独裁国ではありません。それでも大統領の権限がかなり強く出る国です。

独裁国の典型は、北朝鮮であり、中国です。こういう国は、交渉時には強く出てきます。これまでの北朝鮮と日本の交渉を見てみればすぐにそれはわかります。日本は、北朝鮮が強く出てきたら「これでは、駄目だ」と、こちらから降りてしまっていたわけです。

北朝鮮だけでなく中国との交渉のときも同じでした。「中国側が強く出てきた。これでは、駄目だ」と日本側は勝手に思ってしまいました。そうではなく、相手が強く出てきたら「これはチャンスだ」と思わなければいけないのです。

このような独裁国との交渉術は、外務省の知恵、知識としてしっかり伝えていかなければいけません。私はロシアの専門家ではありませんが、ソ連時代のモスクワに勤務したことはあります。

当時の外務省はがんばっていました。もちろんそこにはアメリカの全面的バックアップというものがありましたが、職員は皆「ソ連、何するものぞ！」という姿勢でした。

それが今、例えば北朝鮮とか中国に対して「北朝鮮、何するものぞ」「中国、何するものぞ」という態度が外務省職員にはあまり見られません。私は外務省も含めた日本全体のそういう軟弱な雰囲気は、非常に残念に思います。

当たり前ですが、外交交渉においては相手の気に入るようなことばかりを言っていては駄目なのです。しかし、その当たり前のことが必ずしも行われていないのが、昨今の日本の外交交渉ではないでしょうか。

ユネスコ（国際連合教育科学文化機関）でさえ外務省は操れていません。ユネスコのようなそんなに力もない国際機関に対しても、外務省はちゃんとやれていないのです。ユネスコには「もうお金を出さない」とだけ言えばいいのです。それすらできないということですから、他は推して知るべしというところでしょう。

❖シロヴィキの反対は「ディス・インフォメーション」

先の日露首脳会談（２０１６年11月）のポイントは、安倍総理が平和条約の締結について「簡単な課題ではない。解決へ道筋は見えてきているが、一歩一歩山を越えていく必要がある」と表明したことです。

つまり、この発言をもって、「ロシアの態度が硬化した」と、ほとんどのメディアは報道していました。しかし、安倍総理はごく当たり前のことを言ったにすぎません。北方領土問題は長年にわたってほとんど進展らしい進展もなかった大きな問題ですから、やっぱり一歩一歩山を越えていく必要があるのです。

そこで重要なことは、その発言のなかにあった「プーチン大統領と二人きりで平和条約について腹蔵ない意見交換を行うことができた」というところです。今回も、（もちろん通訳を交えてはいますが）二人だけで会談されたわけです。

北方領土交渉は、「これはやはり二人の信頼関係の上でなければ前進していかないと思う」とも安倍総理は発言しています。「二人でしっかりと話をすることができたことは意義があった」とも。私はここに注目しているわけです。全体会合というのはだいたい建前ですから。全体会合で「譲る」ということはないのです。

ただ、この件での新聞報道でひとつだけ気になることがありました。ロシアが強く出てきた背景を解説しているのですが、ほとんどの新聞が同じラインで解説しています。つまり、「対露経済協力に関するロシア側窓口であったアレクセイ・ウリュカエフという経済発展相が収賄容疑で刑事訴追された。その背景には、対外強硬派の多いシロヴィキ（軍や特命機関、旧ＫＧＢ）の存在がある」と報じています。また、「プーチン政権内は『領土問題棚上げ』で外堀を固められつつあるようにも見える」とも書いています。

これは産経新聞の記事なのですが、産経はその後で、「しかし打つ手がないかといえばそうでもない」と、ややまた戻しています。

シロヴィキが反対しているというのは、「ディス・インフォメーション（偽情報）」です。まさに日本を戦わずして降ろさせようというシロヴィキ的な配慮がミエミエです。シロヴィキというのは武闘派で、愛国者です。先の報道にはここが抜けているのです。シロヴィキは北方領土を返さないことに利益を見出しているのではありません。シロヴィキにとっては、ロシアの安全保障が強化されることが最大の利益と思っています。それはシロヴィキだけではなく、プーチン大統領にとってもロシアの安全保障が強化されるということが最大の関心事なわけです。

シロヴィキの関心とプーチン大統領の関心は一致しています。ですから、ロシアの安全保障を強化するような球を日本が投げ返せばいいのです。繰り返しますが、これは「安全保障」の問題です。これは「領土」と「経済」の取引ではないのです。

しかし、残念ながらほとんどの新聞は、経済と領土の取引だという視点から報道しています。産経新聞についていえば、以前のような「プーチンは信用できない」というところからは少し軌道修正できているとは思いますが、それでも「シロヴィキが出てきたら、これは潰されるのではないか」という、ステレオタイプ的な見方からは抜けきれていません。

私は、シロヴィキが出てくればむしろ日本にとってのチャンスだと思っています。ロシアの閣僚のなかでもやっぱり権限争いがあるのでしょう。自分の権限の下に、なんとか日露関係を置きたいと考える人がいても不思議ではありません。シロヴィキはプーチンを支える重要な柱です。だから、シロヴィキがもし本当にこういうことを言っているのであれば、これは日本の「チャンス」だと思うのです。

シロヴィキの勢力が本当に一番欲しがっているもの、それを日本は提供できますよ、というのが安倍総理の切り札だと私は思っています。

安倍総理は「北方四島の将来の発展については、日本とロシアがＷＩＮＷＩＮのかたちで進めていくことが何よりも重要だ」と発言されたのですが、このように従来のいわゆる二島＋α方式から訣別した〝新しいアプローチ〟なのです。

ポイントは日露関係全体のなかで双方が裨益《ひえき》するかたちを発展させていき、そのなかで自ずから北方領土の解決も出てくるというやり方です。

従来の交渉にこだわる人は、やれ何年の何々宣言がどうだった、などといまだに言っています。１９９３年の「東京宣言」がどうだとか、１９９８年の「川奈提案」がどうだとか、そのあとの「二島先行返還論」がどうだとか――、ロシア問題でテレビに顔を出す人はそういう話ばかりしています。

安倍総理は、もうそういうアプローチはとらないと発言しています。新しいアプローチをとると言っているのです。日露関係全体のなかで考えようとしているのです。

ということは、ロシア側の視点から言えば日露関係のポイントというのはひとつしかありません。「ロシアの安全にとってプラスかマイナスか」なのです。ですから、ロシアの安全にとって、安全保障にとってプラスなことを日本が提供すれば北方四島はいずれ返ってきます。論理的にそうなるのです。

残念ながら、「一括して全部返します」ということにはならないでしょう。それはいたし方ありません。現に、ロシアの人々が住んでいるわけですからね。

❖領土問題の交渉は安全保障問題

もうひとつ重要な点は、「8項目提案」というのは安全保障の問題だということです。これについても新聞は、「食い逃げを恐れている。経済分野ばかりが先行する」「経済分野ばかりが先行すれば、食い逃げされたとの批判も避けられない」と書いています。

これが間違っているのです。これをひっくり返して、ロシアから見てみれば、「日本は経済協力すると言っているけれども、北方四島を返したら、日本は食い逃げして、経済協力はしないのではないか」という発想に当然なります。

日本だって「ロシアは経済協力だけとって、四島を返さないのではないか」とメディアが言っているのですから、お互いにそこで止まってしまいます。だから経済と領土との取引で考えてはいけないのです。経済と領土の取引ではなくて、「経済協力を進めるということと領土問題を進めるということは不可分の一体」だということです。そして、その共通項は「安全保障」だということです。

ポイントはここです。私は、おそらく安倍総理もプーチン大統領もそういう発想を持っておられるのだと思います。ですから、それで馬が合うのでしょう。そこに両国の大臣とかいろいろな人が入ってくると話が通じ合えなくなると私は思います。

重要なことは、今の8項目提案を単なるロシアとの経済協力だと考えてはいけないことです。ロシアに対する投資だ、あるいは、合弁企業だ、日本が天然資源を輸入することだ――、そういうことではありません。日本の8項目の提案はロシアの安全保障を強化するための手段です。そういうふうにロシアを説得しなければならないのです。

つまり、ロシアの経済関係者がそれを正しく理解しているかどうかということです。同じことは日本の関係者にも言えます。日本の経済協力の関係者が、大臣から実際の企業の担当者までが、そういう理解でこの8項目の経済協力を考えているかどうかということなのです。

日本とロシアの合弁会社をつくりましょう、こういう経済進出をやりましょう、ロシアの天然資源を買いましょうというだけでは、北方領土問題の解決には結びつきません。ロシアとの領土問題の交渉はひとつしかありません。繰り返しますが、それは安全保障なのです。日本からの8項目の協力を得て、ロシアが単なる資源輸出で生きている経済から、ハイテク産業国家になれるかどうかということなのです。

ロシアはこのままだと永遠に「大国」にはなれないでしょう。国の面積はあっても、軍事的にはアメリカと並んでも、決して安定した大国にはなれないと私は思います。しかし、プーチン大統領は安定した大国になりたいと言っています。そのためには、ロシアの新しい理念という概念の下に、ロシアのハイテク産業化を図りたいと言っているのです。

ではそのときにどこの国が協力できるかというと、プーチン大統領の頭には日本しかないはずです。これはプーチン大統領のこれまでの発言なり、ステートメント（声明）を読んでみればわかることです。

プーチン大統領は、はっきりと「欧米とは組まない」「欧米流の近代化は図らない」

と言っています。では、ロシアはどこと組めると思いますか。日本しかないでしょう。私はむしろ安倍総理のほうが切り札を握っていると思います。だからプーチン大統領が一番やりたいことに、彼の構えるミットに収まるようなボールを投げればいいのです。

この問題は、おそらく安倍総理以外ではなかなか進展させられないと思います。安倍総理はソチでの会談で「ブレイクスルー（前進）できた」と発言していましたが、それは二人きりの会談でできたのです。私はもちろん直接見聞きしたわけではありませんが、このような類の話をされたのだと思います。それが新しいアプローチなのです。

もう一度強調しますが、その二人きりのソチでの35分間の会談の後で安倍総理は8項目を提案されました。二人きりの会談でお互いに意見が通じるものがなければ8項目の提案には至らなかったと思います。

少なくとも安倍総理の考えは8項目でロシアの関心を引くことではありません。ロシアにとって一番やりたいことがある。それに対して日本は協力する用意があると話されたのだと思うのです。そうでなければプーチン大統領は乗ってこなかったはずです。

だから、問題は安倍総理以外の日本の関係者がこの発想をシェアすることなのです。

ところが、私が今まで見る限り、なかなかシェアされてないという気がしてなりません。「外野」がうるさすぎるのだと思います。外野が余計なことばっかり言っています。ですから私は、そういう古いアプローチはもういらないと言うのです。

もちろん外交は継続です。１９５６年の「日ソ共同宣言」以来の、両国のいろいろな合意の積み重ねは尊重しなければなりません。しかし、その積み重ねの上に何かをつくろうということではブレイクスルーはできないのです。

第三部

「日本とは何か」を考察する

【国体Ⅰ】

日本再発見 その十

「都知事騒動」が私たちに教えてくれたこと

❖"説明の仕方"に問題あり

今回は時間を少し遡って、舛添要一《ますぞえよういち》都知事（第19代東京都知事）を巡るいわゆる「舛添騒動」に焦点をあて、「日本とは何か」について皆さんと一緒に考えてみたいと思います。

産経新聞で作家の曾野綾子さんが非常に面白い記事を書いておられました。曾野さんは同紙のオピニオン欄に「透明な歳月の光」というタイトルで定期的に書かれていますが、そのときのテーマは「舛添都知事の私的流用問題」でした。

そこで曾野さんは「議会空転のほうがお金の無駄だ」とおっしゃっています。これは曾野さんにして言える発言で、とても面白いなと思いました。

曾野さんは、「都議会議員の時間給はいったいいくらなのか、これで議会が空転してどれだけのお金が無駄になったかについては、マスコミは何も報道していない」と嘆いておられます。こういう発想は、発想としてあることはもちろんわかりますが、「舛添騒動はお金の無駄遣いという視点の問題ではなかった」と私は考えています。もちろん曾野さんは別の考慮があってこういう発言をされているわけで、この記事自体が問題だと申し上げているわけではありません。

ただ、日本人の一般的な発想からすると、金銭に換算して物事を考えるということを普通はしないと思います。舛添氏は「都知事が海外出張に行く場合、ファーストクラスの飛行機に乗り、ホテルでスイートルームに泊まるのは世界の常識だ」と弁明しています。私もこれについてはそうだと思います。

じつは、私は今から20年前に、東京都に奉職したことがあります。当時は青島幸男都知事でしたが、私は青島都知事の国際交流関係について補佐するような仕事をしていました。青島都知事も何度か海外出張されたのですが、もちろん飛行機はファーストクラスでした。ホテルがスイートルームだったかどうかは覚えておりませんが、一流ホテルのちゃんとした部屋をとっていました。それは当たり前のことですね。東京都知事として、東京都を代表して海外を公式訪問されているわけですから。

石原慎太郎都知事のときもそうでした。そう考えると、なぜ舛添都知事だけが問題になったのでしょうか。

私は、ファーストクラスに乗ったとか、高いホテルに泊まったというそのことを問題にしているのではなかったと思います。それについての舛添都知事の〝説明の仕方〟が、私たちの想定した説明の仕方に合っていなかったということが大きな問題になったのだと思います。

❖「第三者」の対応のまずさが都知事を窮地に

当時の舛添都知事の説明をすべて聞いたわけではありませんが、彼は〝合理的な説明〟をしようとしていました。合理的というのはやや好意的過ぎる言い方かもしれませんが、でもこれが外国で起こったとしたらこのような大問題にはならなかったと思います。

舛添都知事は確かこう弁明していたと思います。

私の記憶では、まず舛添都知事が「都知事が一流のビジネスホテルに泊まれますか？」と言いました。こういう言い方自体が、すでに舛添氏の敗北なのです。私たちの、広い意味での道徳観で言えば、こういう説明の仕方は問題です。だから問題が大きくなっていったのだと思います。

さらに、説明の仕方の間違い（ボタンの掛け違い）が決定的になったのは、「第三者」と称される弁護士の対応でした。

記者会見で記者が、「調書に出てくる関係者とは誰だ」と聞いたところ、「関係者は関係者だ」と答えていました。これは、質問者（記者）をバカにしたような答え方でしたね。それから、「裏をとったというが、現実に確認したのか」という趣旨の質問に対しても「どこにそんな必要があるのか」と答えていました。私はこのやりとりを聞いたときに、もうこの勝負はついたと思いました。

いわゆる「第三者」に対応を委ねるというのは、それはひとつのやり方であったとは思いますが、その「第三者」が結局は舛添氏の立場をいっそう窮地に追い込むことになったということです。舛添氏としては、第三者の調査をもって逃げ切る、あるいは自分の潔白を証明してもらおうと思ったのでしょうが、結果は逆になってしまいました。

なかでも私が一番気になったのは、その第三者の調査報告のなかの次のくだりです。

「不適切ではあったが、違法ではなかった」——。

そのことを何度も強調していました。しかし、私たちの通常の観念からいうと、この言い方は逆なのです。

「違法ではなかったが、不適切だった」というふうに多くの人は受け取ったと思います。ここが重要なのです。これは物事の道理というものの受け止め方、考え方の違いだったと思います。あるいは「道理性」と言ってもいいでしょう。つまり、「ものの道理」ですね。

私たちのアタマのなかには、都知事はこういうときはこうあるべきだというのがなんとなく、ボヤ〜とですがイメージとしてあります。しかし、舛添氏の対応は、そのイメージに合わなかった。彼は一番やってはいけない対応をしてしまったのです。

であるからこそ、曾野さんがおっしゃるように、たった数百万円（あるいはもっと少なかったかもしれませんが）のことで、あれだけ長引く騒動となり、結果的には辞職に追い込まれてしまったのだと思います。

❖ “憲法九条”の教え

私は、この「ものの道理」というのが、私たち日本人を覆っている隠れた道徳律、憲法のようなものだと思います。「憲法」という言い方は少し語弊《ごへい》がありそうですので、「国体」と言い直しましょう。そういう隠れた国体が今回も裏で働いていたように思います。

例えば、一流ホテル宿泊について質問を受けたときに、あのような答え方ではなく、「都知事が泊まる場合には、どうしてもそうせざるを得ない事情があるのです」と丁寧に話し、説明すればよかったのです。でも、あのときは最初から「その質問はおかしい」という答え方でした。そういうことが積み重なっていくと、後戻りがきかないところまで追い詰められてしまうのです。

道理に違反するということは、じつは「憲法九条違反」です。そう言うと、皆さんはすぐに昭和憲法（日本国憲法）の九条を思い出されると思いますが、私が九条と申し上げたのは、聖徳太子の「十七条憲法」の九条のことです。

そこには何と書いてあるか。少しご説明しましょう。

「九に曰く、信《まこと》はこれ義の本《もと》なり」とあります。「信（まこと）」、これは人の道の根本だと。そして次に、「事毎《ことごと》に信あれ」、つまり、何事をなすにあたっても、真心をもってすべきであると書かれています。これが、十七条憲法の九条です。

聖徳太子は、「何事をなすにあたっても、真心をもってすべきである」と言っているのです。これは、私たちの腑にストンと落ちる言い方ではないでしょうか。私たちは毎日、真心をもって行動しているかどうかはわかりません。しかし、私たちは何かをするときには、真心を持ってやるべきだ、あるいはそうするのが望ましいことだということをなんとなく感じているのだと思います。

結局、21世紀に生きる私たちも、じつは６０４年にできた十七条憲法の枠内で生きているようなものだということをあらためて感じます。

十七条憲法には他にも面白いことが書いてあります。

七条は「役人の品格」についてです。

「七に曰く、人各《おのおの》任あり」、つまり「ひとそれぞれに任務がある」ということです。

次に「掌《つかさど》ること宜《よろ》しく濫《みだ》れざるべし」とあります。わかりますね、職務に関しては乱脈にならないようにせよということです。それから「剋《よ》く念《おも》いて聖《ひじり》と作《な》る」と続きます。よく道理に心がけるならば聖者のようになるということです。

わが国においては、すでに7世紀の昔からこういうことが文章になって残っているのです。これは「十七条憲法」というかたちで出ましたが、じつはずっと何千年も昔からわが国の道徳律であったのです。

『古事記』の時代、高天原の昔からあった、日本人を縛る（律する）、私たちの心にある道徳律が確かにあった——。それを集大成したのが、十七条憲法であったとも言えるのです。

そして、その精神は21世紀の今に至るまで生き続けています。私たちも知らず識らずのうちに、この憲法の大枠のなかで生活をし、仕事に精を出しているということではないかと思います。

❖物事は「合理性」だけでは判断できない

舛添都知事騒動を振り返って私が特に思うのは、舛添氏は私たちとはちょっと違う発想を持った人だったということです。

記者会見における記者たちの追及が不十分だとか、都議会議員の追及が甘いとかいうような意見もありました。しかし、日本人というのは徹底的には追及しないものです。追及しなくてもその意味を察してそれに応えれば良しとする。それが「道理」というものです。

ものの道理というものは、昔から日本人がなによりも大事にしていたことです。善悪というものよりも、道理のほうが重要である——。つまり、先の第三者（元検事の方ですから法律の専門家の方でしょう）のアドバイスがあったのかもしれませんが、舛添氏は「違法ではない」ということを強調し過ぎたように思います。

私たちは彼の行為・行動が違法であるかどうかにこだわったわけではないのです。つまり、法律的に善悪をつけようとしたわけではなかったのです。

不適切であるということに対して、都知事がどう考え、どう答えるかに関心があったのです。それに対して都知事は的確に応えることができなかったのです。

舛添氏は「違法ではないから、問題はないではないか」というわけですが、それは私たち平均的日本人にとっては受け入れられないものです。違法であれば当然問題があるわけですが、ときにたとえ違法性があっても問題がない場合もあるのです。「道理にかなっていれば問題にならない」ということもあるのです。そのへんのことは、私たちは、皮膚感覚としてわかっていることなのです。

このような日本人特有の問題が、姉添騒動であらためて浮き彫りになったのではないかという感じがします。

「物事は善悪では分けられない」ということがある――。そういうことは、私たちは太古の昔から知っているのです。善悪では分けられない、正義と悪には分けきれないということなのです。

ですから、そのなかでどうやってバランスをとって生きていくかということが重要になります。反対に、「法律に触れなかったんだからいいだろう」ということは、少なくとも日本では通用しないことだと思います。

とはいえ、法律に基づく生活というものにだんだん慣らされてきたことも事実です。特に、戦後はそういう感じが強くなってきました。「法律に触れなければいいではないか」と主張する人も、昔に比べ多くなっていると感じます。

しかし私は、半分期待を込めて申し上げますが、これからも日本の社会のなかでは「法律に触れなければいい」ということでは成り立っていかないと思います。物事は合理性だけでは判断できませんし、通用もしないということです。そして、こういうことに少しずつですが、世界が注目するようになってきたと私は感じています。

❖道理が貫かれているかどうかが重要

２０１６年の「伊勢志摩サミット」では各国首脳が伊勢神宮を参拝しました。参拝したことの意味が言葉となって各国の首脳から出たわけではありませんが、首脳たちは日本人の持つ〝自然との共生〟という生き方に、無言のうちに触れ合うことができたのではないかと思います。

私はこれまで、言葉でもって相手を説得しようとはしてきませんでした。アメリカに限りませんが、世界の多くの国においては、「言葉で自分を表現し、言葉で相手を説得し、そして自分を守る」ということが習慣となっている文明も決して少なくはありません。というよりもむしろ多くの文明がそうであったし、今もそうであると思います。

しかし、日本は必ずしも言挙《ことあ》げする文明ではありませんでした。「言葉に発しないものの意味を察する」というのが日本の伝統的文化でした。基本的には、今もそうでしょう。ですから、必ずしも流暢《りゅうちょう》に話をする人が立派な人とは限りません。少なくとも多くの日本人はそう感じていると思いますし、私自身もそう思います。

もちろん議論の場で黙っていれば、自分が不利になることは当然です。国際的な会議ではもちろんですが、黙っていては負けるというのはその通りだと思います。しかし、この日本の社会にあっては、言挙げしなくてもそれで済んでいたのです。むしろ言挙げすることは必ずしも好ましいことではないとすら考えられていたわけです。

繰り返しになりますが、重要なことは道理、もののありようというものが貫かれているかどうかです。理性だけで物事を判断するということは、必ずしも正しい判断に繋がらないということではないかと思うのです。

舛添問題というのは、じつに多くの視点をあらためて私たちに与えてくれたような気がしてなりません。私は正直申し上げて、あの騒動で、メディアは若干バラエティ的な興味から追及していた感じがします。都知事の公私混同の問題ですが、あれほどの時間を割《さ》いて、あれほど大袈裟《おおげさ》に追求する必要があったのか、もう少し淡々と対処すべき事件ではなかったかというふうに思います。

だからといって、私は決して舛添氏の公私混同を擁護するわけではありませんし、先にお話しした通り何よりも私は舛添氏の対応の仕方が悪かったと思っています。

私は都庁にいて青島都知事を傍で見ていましたが、組織のトップに立つというのはなかなかむずかしいものだなというのは感じていました。周りの人すべてにいい顔をすることはできないわけです。政治というのは可能性の選択ですから、すべてにおいて皆を満足させる選択というのはできないのです。

だからそういうことは当然考慮に入れて、首長の行動を見なければなりません。それは現在の小池百合子都知事だけではなく、安倍晋三総理についても同様です。当然、その他の政治家についても同じことが言えます。

政治というのは「可能性」と「選択」です。よりよき可能性を選択するということであり、より害の少ない可能性を選択するということでもあるのです。ですから、すべての人間を満足させることはできません。

満足できない部分にあたった人が、それを一般化し、問題化して対象の政治家の人格攻撃することは避けなければならないと思います。私は政治家ではありませんし、政治家には向いていない人間です。したがって、私は第三者としてコメントしていますが、政治家には外に言えない苦労があるものだと想像はしています。

私が読者の皆さんに期待するのは、そういう「想像する余裕をもっていただきたい」ということです。皆さんから見て、けしからんと思う人はたくさんいると思います。義憤、あるいは公憤は大いに持っていただきたいのですが、同時に自分たちがわからない部分も存在しているのだという、そういう余裕をもって御覧になると、もっと大きな観点から政治や経済、そして国際社会を見ることができるのではないかと思います。

やや上から目線の言い方になったかもしれません。しかし、少し余裕を持って見ることによってギスギスした社会に少し潤いをもたらすということになるのではないかと思い、あえて一言付け加えさせていただきました。

日本再発見
その十一

【国体Ⅱ】

イギリスEU離脱から考える、日本の民主主義

❖保守が左翼思想を擁護する日本の言論界

本章ではあらためて「イギリスEU離脱」を考察していきたのですが、産経新聞の「正論」欄（2016年6月27日、29日）に掲載されたお二人の論文を見ながらこのテーマについてお話したいと思います。

ひとつは評論家の宮家邦彦《みやけくにひこ》さんの論文、もうひとつは東洋学園大学教授の櫻田淳《さくらだじゅん》さんの論文です。

お二人の論文に共通するのは、一言で言えば「日本はグローバリズムの方針を貫くべきだ」ということです。そして、国際主義は理性だと言っています。EU残留派は理性主義者で、離脱派は感情的なナショナリストであるとお二人は見ているのです。

私は、まったくそうは思いません。イギリス国民が〝理性的〟に考え、考え抜いて出した結論がEU離脱でした。「EU離脱を選んだ人は感情的だ」というのは随分失礼な意見だと思います。それこそ上から目線ですね。自分の意見に反対する人はレベルが低いと言っているわけですから。

お断りしておきますが、私は個人的にお二人を攻撃しようとしているわけではありません。その〝発想〟を問題にしているのです。

「理性主義」が立派な態度だとするお二人には見落としているものがあります。それは、理性主義は左翼思想であるということです。グローバリズムというのもいわばアタマで考えたひとつの理性的なイデオロギーに過ぎないのですから、これも左翼思想であるのは当然です。つまり、このように「保守の人が左翼思想を擁護している」というのが、今のわが国の言論界の状況なのです。

「親米保守」というのは、本来の保守ではありません。ここで私が「アメリカ」と言う場合は、今のアメリカの政権を牛耳《ぎゅうじ》っている勢力のことです。トランプ大統領を支持しているアメリカ国民のことではありません。アメリカのエリート、あるいは支配層と言ってもいいのですが、そういう人たちはみな左翼思想なのです。

次に、櫻田さんはこう言っています。

日本が極東において「西方世界」の価値意識や流儀を擁護する姿勢を以前よりも鮮明にして劇的に打ち出しているのが、安倍内閣下の対外政策の性格である。伊勢志摩サミット（主要国首脳会議）は、そうした姿勢を内外に誇示する舞台の一つであった。「ブレグジット」が招くＥＵ諸国の混乱が懸念されるべき所以《ゆえん》は、「西方世界」に寄り添う日本の価値意識や流儀の足元が揺らぐことにある。

これを読んでどのように思われますか。日本は独立国ではないと言っているのです。日本は西方世界の価値観に寄り添って生きるべきだと主張しているわけです。

ここで言う「普遍的な価値意識」というのは、グローバリズムを支える理論的な支柱です。それは「国家を超えた価値」のことです。民族的な意識や民族文化、民族の価値、そういうものを超えた、アタマのなかで考えた価値です。これが左翼の左翼たる所以です。自由民主主義、人権、法の支配といった普遍的価値は、普遍的価値ではないのです。

これは、自国に都合のいいように、口実に使う価値に過ぎません。決して普遍的価値ではありません。自由の定義は国によって全部違います。民主主義の定義もそうです。ましてや人権というものは一層定義不可能です。

❖世界を混乱に陥れてきた危ない発想

「普遍的な価値を守るのが日本だ」という発想は、まさにグローバリズムの発想です。つまり、国を超えた発想です。これがどれだけ今まで世界を混乱に陥れてきたかは言うまでもありません。

世界は自由とか民主主義とか人権とか、そういう普遍的な価値のために戦争をしてきたとよく言われます。第二次世界大戦もそうでした。「世界の民主主義を守るために戦争をする」と言っていました。それはまったくの口実でした。

そもそも「自由」などというものはどこにも存在しません。お互いに自由を主張し合ったら必ず衝突します。民主主義という言葉もそうです。知識人の多くは都合のいいように民主主義を解釈しているのです。民主主義とは理性的なものだと勝手に決めつけているわけです。

そもそも民主主義は、理性と感情に分割できるものではありません。それを分割しようとすることこそが問題です。これはラベリング、あるいは原理主義と言ってもいいでしょう。「国際主義は理性的である」「ナショナリズムは感情的である」というのがすでに原理主義の発想なのです。

私たちはそういう背景にあるものを見抜かないと、知らず識らずのうちに洗脳されてしまいます。あるいは間違った方向に引きずられてしまいます。いずれにしても、私は「日本は普遍的価値の擁護者であるべきだ」と主張していることに、非常な危機感を覚えます。

また、櫻田さんは「近代以降、日本の国家路線の基調は、福沢諭吉が『文明』と呼んだものに連なることにあった。その対外政策上の具体的な表れが、明治期における日英同盟であり、昭和中期以降の日米同盟であった」とも書いています。

このような歴史解釈をされているのです。非常に驚きました。

評論家の日下公人《くさかきみんど》さんがよく言っておられますが、これは「劣位戦」です。つまり、最初から日本は下に立って対応しているわけです。こういう対応の仕方を続けていけば、いつまでたっても日本は真の独立ができません。精神的に独立していないと、物理的にも独立できるわけがないのです。ですから、私たちが今やるべきは「優位戦」なのです。

❖「十七条憲法」に記された民主主義の思想

日本には、古くから自由も民主主義もあります。それは『古事記』を読めばわかります。

前著（『和の国・日本の民主主義』）で詳しく述べましたが、日本は世界で最も古い民主主義国だと思います。日本は古来より「合議制の国」なのです。

高天原の神々も、すべて話し合って物事を決めていました。民主主義、議会政治の元がここにあるわけです。これが日本の伝統的な民主主義でなくしてなんと言えばよいのでしょう。

高天原以来のこの精神が、十七条憲法に文字化されているのです。十七条憲法の一条は「和を以て貴しと為し」です。ちゃんと話し合えと言っているのです。しかも最後の十七条にも「必ず衆《もろもろ》とともに宜しく論《あげつら》うべし」と書いてあります。つまり、「話し合え」と言っているわけです。話し合えば物事はうまくいくと言っているのです。だから日本は、世界のなかでも最も先進的な民主主義国であったと言えると思います。

残念ながら、これまで私たちはそういうふうには教えられてきませんでした。また、そういう発信もしてきませんでした。しかし前述したように、すでに日本は議会制民主主義の基礎を遥か昔から持っていたわけです。西洋こそ、私たち日本の価値観に沿うべきだと私は思います。

私は、櫻田さんを直接存じ上げないので、この文章だけで判断してはいけないのかもしれません。しかし、「明治以降の日本の国家路線の基調は、福沢諭吉が『文明』と呼んだものに連なることにあった」という主張には強い違和感を覚えます。もしそうであったなら、とっくの昔に日本は植民地になっていたはずです。

なぜ植民地にならなかったのか。そこに明治の先達の苦労があったわけです。彼らの文明を「そのまま」受け入れなかった、日本の伝統に合うかたちにつくりかえて受け入れたからこそ、日本は植民地化されなかったのです。

日本という国柄を考える場合、このことが最も重要なことです。日本は無制限に、無制約に西洋文明を受け入れたわけではありません。これが日本の国体であり、日本の歴史の神髄なのです。こういうことが子供たちに教えられていないということこそが大問題なのです。それが日本人としてのアイデンティティを失う大きな原因になっている、と私は思います。

❖理性的な発言をしている人には気をつけろ

歴史教科書問題というのが昨今声高《こわだか》に叫ばれていますが、これは問題以前の由々しき問題です。日本人を日本人でなくそうとしているのが、今の歴史教科書(公民の教科書)です。このような教科書をつくっているのは誰なのかというと、国際主義者たちです。日本のアイデンティティを失わせようというのが国際主義者たちの目的です。

日本の価値を軽視するというくらいならまだいいのですが、彼らは無視します。なぜ無視するのかというと、彼らが言うところの「普遍的価値」が日本の価値より優れていると思い込んでいるからです。その普遍的価値には定義がありません。したがってそれそれが自分勝手な解釈をするわけです。そんなのがどうして理性的と言えるでしょう。

理性的という言葉で私が思い出すのは「フランス革命」です。フランス革命は神を否定しました。もちろん王政も廃止しました。しかし、その後に何が出てきたでしょう。結局、「理性」という神を崇《あが》めるようになったのです。

ところがそれはすぐに失敗しました。「恐怖政治」の悪循環に陥りました。自分の政敵をギロチンに送った人が逆にギロチンにかかって殺されてしまったのです。これを彼らは「理性」だと言っているのです。理性というものは実に危険なものです。理性には定義がないからです。


とにかく、理性的にふるまった発言をしている人には気をつけたほうがいいでしょう。理性と感情というのは相対する概念ではありません。私たちは理性的な側面と感情的な側面の両方を持っている存在です。

ですから、理性が勝つこともあるのですが、ときには感情（感性）が勝つこともあります。この2つのバランスをどうとるかというのが個人としての生き方の問題でもあり、日本国全体としての問題でもあるのです。

「普遍的価値」と称されるものを否定するということが賢明だとは申しません。しかし、普遍的な価値というのは定義が定まっていないのでいかようにも利用できるということを知りながら、その普遍的な価値と日本の伝統的な価値を、いかにバランスをとって日本の舵取りをするかということが、今、問われているのです。

どちらかが勝つ、どちらかを選択するということではありません。そのバランスをどうとるかということが問題なのです。それがこのイギリスのＥＵ離脱決定を受けて、日本が考えなければならないことなのです。

今の政治用語で言えば、グローバリズムとナショナリズムをどう共存させるかということです。バランスをとって、どのように国の舵取りをするかということが今の日本に求められていることなのです。

宮家さんが最後にこうおっしゃっています。

「今回のイギリスのＥＵ離脱騒動は、日本にとっては対岸の火事のような」と。それはその通りですが、続けて「日本人が得るべき教訓は、常に理性的に行動し、決して感情的にならないこと。そして、無責任な左右のナショナリズムを排しながら、普遍的価値を尊重する勢力との連携を貫くことの重要性です」と――。

では私たちはどうしたらいいのでしょうか。この言い方ではまったくわかりませんね。

私は先のイギリスの決定を受けて一番感情的になったのは、メディアや知識人だと思っています。日本の国民は理性的だったと思います。それは私たちが伝統的に受け継いでいる精神というか、物事に白黒は簡単につけられないという認識の現れだったと思います。

理性と感情の、あるいは理性と感性のバランスが重要だということなのです。簡単には白黒はつけられないのです。

グローバリズムとナショナリズム、国際主義と民族主義、それのバランスをどうとるかということだと思います。

❖明治国家の苦労から学ぶこと

この講座は、なぜ日本の生き方というのはバランスをとることであったかということを皆さんと共に考えたいというところにあります。日本の国家路線の基調は、文明に連なることにあったのではありません。西洋文明をいかに日本文明と共存させるかというところにあったのです。これこそが明治の先達が苦労したことでした。

西洋文明を拒否して「孤立する」という選択もあったわけですが、先達は「共存させる」道を選んだのです。であるがゆえに、当時の植民地帝国の生き方でもない、鎖国主義でもない生き方を選ばなければならなかった。そこに明治国家の苦労があったのです。明治国家の苦労だけではありません。その苦労は大正、昭和と引き継がれ、平成の世にもまだ続いています。私たちは明治の大変動は乗り越えました。しかし、まだ決着はついていません。決着をつけるのはこの21世紀であろうと私は思います。

日本を襲ってきた植民地勢力のバックボーンであった国際主義がいま揺らいでいます。私はそういう意味で、イギリスの今回の決定を歓迎しています。私たちが国際主義の間違った部分（すべてが間違っているとは言いませんが）が、私たちを洗脳してきたのです。今、私たちはそれに目覚めて変革する、そのための契機にすべきだと思います。

決して負け戦《いくさ》ではありません。でも、日本のメディアが盛んに言っているように、今の世界の金融システムを守ろうとすれば負けてしまう危険があります。

2008年のリーマンショックの後、私たちは、なりふり構わず金融システムを守りました。その結果、貧富の差がさらに進んだのです。

グローバリズムとナショナリズムのバランスをどうとるかということに私たちのエネルギーを集中することができれば、決して負け戦にはならないと私は信じています。その明るい兆候は、すでに先般の伊勢志摩サミットでも現れていたのです。

❖日本人の持つ高い道義性を世界に

世界の指導者が伊勢神宮を参拝したということは、今後大きな影響を各国の指導者に与えていくだろうと私は信じています。広い意味で、伊勢志摩サミットを締めくくったのは、オバマ大統領の広島訪問でした。

オバマ大統領は実質的には原爆投下を謝罪しました。私はそう理解しています。それはオバマ大統領の演説を読めばわかります。少なくとも言葉のうえでも原爆投下を正当化できなかったのです。ということは謝罪したということです。それは私たちが謝罪を強要しなかったからなのです。日本人がもつ高い道義性というものが、実を結んだのだと思います。とりわけ被爆者の方々の高い意識、高貴な意識がオバマ大統領をして、事実上謝罪させたということだと私は理解しています。

私たちにとって決してやってはならないことは「諦める」ことです。諦めてはなりません。今の金融システムやメディアの背後にある勢力は日本のなかにもいるので、そのシステムを変更することは簡単ではないでしょう。しかし、世界はそちらの方向に舵を切り始めたと思います。

そういう意味では、日本が今後の21世紀の新しい秩序をつくるうえで、大きな役割を果たす時期が来たと私は真剣に思っています。そうでなければ私たちは生きている意味がありません。日本国が存在している意味がなくなってはなりません。

私たちはもう一度ここで虚心坦懐《きょしんたんかい》に日本の歴史を振り返り、私たちの立ち位置をもう一度見直して、今後の世界のために一歩を踏み出していかなければならないと思います。

日本再発見
その十二

【国体Ⅲ】

選挙に負け続けている
メディアは内なる敵

❖国民の公平な判断を認めないメディア

今回は、「マスメディア」と「政治」の関係について考えてみたいと思います。その補助線として、まず２０１６年夏に行われた参議院議員選挙についてお話ししましょう。

選挙結果は、いわゆる改憲勢力が一部野党も含めて3分の2を超えました。そして、もうひとつの特徴は一人区において野党の共闘があったということです。選挙の結果については、いろいろなメディアが総括していますが、私の見方とはかなり違っています。

第二次安倍政権が誕生する衆議院選挙を含めて、過去に4回の大きな国政選挙がありました。２０１２年の衆議院議員選挙、２０１３年の参議院選挙、２０１４年の衆議院議員選挙。そして２０１６年の参議院選挙です。

選挙の勝者は安倍自民党であることははっきりしていますが、敗者はいったい誰だったでしょう。最大の敗者は人ではなくメディアでした。メディアが最大の敗者でした。もちろんメディアはそんなことは一言も言いません。

メディアは選挙期間中、盛んに「反安倍」というトーンで報道していました。でもそれは実現しませんでした。だから最大の敗者はメディアだったと言うのです。本書の冒頭で取り上げた、アメリカ大統領選と同じです。

ところが、メディアはまったく反省しませんね。むしろ自分たちの思うようにならなかったことで「負け惜しみ解説」を今でもやっています。それどころか、「メディアが政権の影響下にあってはいけない」なんていまだに言っている人がいます。

これはまったく逆です。メディアは、政権を追いつめようとしてこれだけやったのに、追いつめるどころか反対の結果が出てしまったのです。私は、国民は公平な判断を下したと思います。しかし、メディアはその国民の公平な判断を認めないのです。産経新聞や読売新聞はさすがに認めていますが、他の左系メディアは絶対に認めません。悔しくてしょうがないのでしょう。

見方を変えてみれば、メディアは「少数派」だということです。メディアが言っているあの報道ラインは少数派の意見なのです。決して日本国民のマジョリティ（多数派）の意見を反映しているわけではありません。

少数派だから、勝てないのは当たり前ですね。それなのに、メディアは自分たちの思うようにならないのは「政権からの圧力がある」からだと言っているのです。なんとも情けない話です。

❖ 共産党の誘いに乗って負けた民進党

先の参院選で一番負けたのはメディアでしたが、2番目に負けたのは誰でしょう。もちろん民進党ですね。

民進党の選挙戦略の失敗は共産党と組んだことにあると思います。これは一部のメディアでは指摘されていましたが、多くのメディアは逆のことを言っています。むしろ一人区の野党共闘が成果を上げたと言っているのです。確かに一人区では11勝21敗で野党は善戦していますからそうかもしれません。しかし、そこには数字に表れない重要な問題が隠されています。

どういうことかというと、結局、「野党共闘をやったがゆえに負けた」のは民進党だったわけです。これは一見逆説のように聞こえるかもしれませんがそうではありません。じつは野党共闘で勝ったというか、得をしたのは共産党です。なぜそう言えるか。それは過去の歴史を見ればわかります。これは一種の「人民戦線方式」なのです。

人民戦線方式というのは、戦前のソ連コミンテルンが指令したやり方です。共産革命（暴力革命）がなかなか実現できないので、他の民主勢力（左系の勢力）と組んで、いわゆる統一戦線をつくろうという共産党の伝統的な戦略です。それがいまだに生きているのです。

でも、もちろん共産党はそういうことは言いません。しかし、心のなかでは認識していると思います。野党共闘をやれば、共産党が得をするのです。

それでも、共産党も当選人数は思ったほどには増えませんでした。そこで「共産党は野党共闘をやったがゆえに伸びなかった」というような論調もみられました。しかし、これもそうではありませんね。

なぜかというと、こういう共闘方式というのは、弱いほうが有利なのです。当然ですね、弱いほうが強いほうと一緒になるわけですから。だから民進党は損をしたわけです。でも民進党のなかでそのように考えている人がどれだけいるでしょうか。

もちろん民進党のなかにいる保守系の人は見抜いていると思います。それは、歴史を勉強すれば簡単にわかることですから。だから政治家というのは歴史を勉強しなければいけないのです。いつの時代でも、弱いほうが強いほうにすり寄っていくのです。弱いほうは、きれいな言葉で「共闘」を呼びかけます。今回は民進党が騙されたというか、共産党の誘いに安易に乗ってしまって負けたわけです。

弱いほうが強いほうにすり寄るというのは、たとえばスペインの人民戦線の内閣の例をみてもわかります。あのときは、弱かった共産党が人民戦線のメンバーに入り、主導権を発揮するようになりました。

ですからこのような野党共闘を続ければ、民進党はますます左傾化します。ますます共産党化せざるを得ないのです。これが歴史に学ぶということです。

どのようなきれいごとを言ってこれを覆っても、本質は決して隠せません。民進党の敗北は共産党と組んで野党統一候補を出したことに尽きると言ってもいいと思います。

❖ 歴史のなかにみる中国共産党の共闘

共闘といえば、似た例で思い出すのは戦前の支那で起こった「西安事件」（１９３６年）です。あのときは国民党の蔣介石《しょうかいせき》を東北軍の張学良が裏切りました。裏切って、蔣介石を西安に監禁しました。そして、毛沢東の共産党と「抗日統一戦線」を組んだのです。そして翌年の１９３７年に「支那事変」が起こり、「盧溝橋《ろこうきょう》事件」「第二次上海《しゃんはい》事変」へと発展していきました。これも類似の「共闘」です。当時は弱かった毛沢東の共産党が蔣介石と組むことによって力をつけていったのです。

民進党のなかにも非常に優れた政治家が少なからずいます。何人かの方と話をする機会もありましたが、それなりに立派な方々です。でもこういうことをやっていたら民進党の将来はありません。もし、次の衆議院議員選挙でも野党共闘をやるようなら、ますます民進党の影が薄くなるのは明らかです。

いずれにしても共産党の思想は、戦前と今も基本的には何も変わっていません。暴力革命路線だけはやめたとなっていますが、100％放棄はしていません。そういうことを私たちは歴史の教訓として知らなければならないのです。

❖自民党内で行われていた政権交代

次は「二大政党」について考えてみましょう。どのメディアも論じていませんが、果たしてわが国において二大政党は必要なのでしょうか。そして、政権交代の受け皿は必要なのでしょうか。

私の答えは簡単で、「向いていないので必要ない」ということです。そもそも日本には、二大政党にしなければならないほどの「争点」がありません。つまり、対立軸がないのです。ですから二大政党は日本ではもう育たないでしょう。

日本はそういう政治風土なのです。あるいは日本の国柄といってもいいかと思います。日本は、対立によって進歩する、あるいは対立によって権力を得るという国柄ではない。

なぜなら、日本は「和の国」ですから。

「和」は決して競争を排除するものではありませんが、競争があるとしたらそれは「大きな和という枠組みのなかでの競争」です。

戦前のわが国でも一時期ですが、二大政党時代というのがありました。政友会と民政党です。しかしこの時代、日本の議会政治は混乱しました。なぜかというと、政友会も民政党も似たような党で両者の間には争点がないからです。ですが、表向きは二大政党制ですから、政権を取れなかったほうは政権を奪回しなければならないというわけで、無理やり争点をつくって争うことになりました。相手を貶めるといったような足の引っ張り合いをやることになったのです。

近年でも、安保法制の国会審議（2015年）などはまさにそうでした。結局、賛成か反対かしかなくなってしまうのです。そのなかで妥協を図るということが行われなくなるのです。

イギリスやアメリカとはバックグラウンドが違います。私は、それらの国が二大政党であることは問題にはしません。しかし、少なくとも日本は二大政党である必要はない。ないどころか、それは害をもたらすものです。戦前の日本の政党の歴史がまさにそれを示しています。

戦後も自民党が分裂するまでは、自民党と社会党がメインの政党だったわけですが、社会党の国会議員は自民党の半分程度で、二大政党とはとても言えないものでした。社会党は万年野党だった。だから戦後の政権は自民党がずっと担当してきたのです。

政権交代はなかったかというと（政権交代の定義にもよりますが）、実際には行われていました。ただそれは、自民党のなかだけでの「派閥間の政権交代」だったのです。自民党の当時の派閥は、右派的な派閥からリベラル的な派閥までが共存していました。つまり、保守的な派閥の総理の次には、リベラル派の派閥の長が総理になる——。そういう政権交代が見事に行われてきていたわけです。

ところが、自民党の一党支配はよくないと、ずっと言われ続けてきています。そして、「小選挙区制」が導入されました。小選挙区制を導入して以来、日本の政治は残念ながら悪くなっています。この問題は日本の政治学者はもっと研究すべきです。

小選挙区制というのも、日本の国柄には馴染んでないと思います。二大政党が日本に馴染まないというのは、小選挙区制が馴染まないのと同じですね。イギリスの場合は小選挙区制ゆえに二大政党制が成立しました。それで「労働党」と「保守党」の政権交代が行われてきたわけです。

それが今、「イギリス独立党」とか「自由党」とかいろいろな政党ができてきて、従来のイギリスの二大政党制が崩壊しつつあります。二大政党の本家本元のイギリスでも、今や転換点にきているのです。

❖日本を壊そうとする内なる敵

私たちは、「二大政党はいいもの」だと思い込まされています。だから民主党は、政権の受け皿となる政党が必要だということで、党から出て行った人を呼び戻したりして民進党をつくりました。けれど、決してうまくはいきませんでした。先ほどもお話ししたように、そもそも自民党と民進党の間に争点はほとんどありません。あるのは、「言葉上の問題」だけです。

例えば、各党の公約でも「それを先に言ったのは民進党だ」なんて言っています。「自民党はその言葉を違えて借用した」と言うのです。語るに落ちるとはこのことですね。しいて争点を挙げるとすれば「安全保障」の問題です。しかしそれは国を二分するような争点ではありません。先の参議院選挙でそのことがあらためて示されたということです。

憲法改正と安全保障とは事実上表裏一体のものです。朝日新聞はこう書いています。

「憲法改選を安倍総理（自民党）は意識的に争点にしなかった。だから改憲勢力が3分の2の議席をとった」と。3分の2をとったからといって、国民が憲法改正にGOサインを出したとはいえないと言っているのです。

もし今のような状況で野党が3分の1以上の議席をとったら朝日新聞はどう書くと思いますか。「これで国民が憲法改正に反対しているという民意が示された」と書くに決まっています。すでに朝日新聞は多くの国民に見破られています。このような矛盾した社説を書くだろうということをです。

なぜ日本の大きな政党間に争点がないのかというと、日本はかつて「一億総中流」だったからです。基本的に価値観がほとんど同じでした。だから二大政党は必要なかったのです。

逆に、二大政党になるということは、日本人の価値観がほぼ50対50《フィフティ・フィフティ》に分かれるということです。そうなったら、むしろ二大政党は必要だとも言えます。

そうなったら日本の国柄が変わるということにもなります。今、無理をして二大政党をつくろうとしているわけですが、それではいくら選挙をやっても野党は負けるだけです。争点のないところに争点をつくっても駄目なのです。政治家よりも国民のほうが賢いのですから。

さらに言えば、メディアよりも国民のほうが賢いのです。ちゃんと見抜いているのです。何度も言いますが、メディアは今回の選挙結果を反省の機会にしなければなりません。国政選挙において、メディアは連続して大敗しているのですから。

自民は大勝し、メディアは大敗しました。メディアがちょっとでも反省すれば、日本はもっとよくなると思います。でもおそらくそういうことにはならないでしょう。一連の選挙後の報道を通じて彼らは何も変わっていないということがよくわかりましたし、選挙後のメディアの分析も的外れなことばかりです。

もう一度繰り返しますが、日本には二大政党は馴染みません。争点がないからです。基本的に2つの政党があっても価値観はそうは違わないのです。そこに違う価値観を持ち込もうとしているのがメディアです。メディアは少数派なのに、「自分たちが多数の世論を代弁している」という態度で報道しているのです。

結局、彼らは自らを欺いているわけですが、そうとでもしないと報道・放送なんてやっていられないのでしょう。このようなメディアの姿勢に対して、私たちは今後とも警戒心を持ち続けなければならないと思います。

これからの問題は、政治家・政党というよりむしろメディアです。

隣国からの脅威はもちろんですが、私たちは、同時に日本の内側から日本を壊そうという脅威（メディア）にも備え、精神的な武装をしなければなりません。内なる敵にも備えなければならないのです。

【国体Ⅳ】

危機は知らず識らずのうちに近寄ってくる

日本再発見その十三

❖「全会一致の決定は無効」（ユダヤの格言）

本章ではまず、天皇陛下の「譲位」についてお話ししたいと思います。２０１６年８月８日に行われた、天皇陛下のお言葉のビデオメッセージですが、これはメディアによって印象操作されていますので注意が必要です。

本来は「陛下の譲位」と言わなければいけないところを、メディアは「生前退位」などという日本語でない日本語を使いました。こういうところから欺瞞《ぎまん》というか、今回の問題の一端が垣間見えます。

時系列で追ってみますと、同年７月13日にＮＨＫの７時のニュースがスクープのごとく、陛下のご意向だということで報じました。これは変ですね。このような重大な問題がスクープというかたちで出てくる、公式発表の前に出てくるというのはやはりおかしいと思います。しかもすべてのメディアが同じように後追いをしています。さらに、国民は、陛下がお疲れになっていることに理解を示しているといったような報道も、これまた一致していました。

私はこういうメディアの対応を見ておりまして、ひとつ思い出したことがあります。昔から伝わっているユダヤの格言です。それは、「全会一致の決定は無効」というものです。さすがにユダヤ人の知恵というのはすごいなと思いました。

すべての人が賛成しているのはおかしいことなのです。何かが、どこかが間違っているということなのです。この格言に当てはめてみると、譲位に関する一連の報道のようにメディアがすべて同じことを言っているのは無効だということです。私ははっきり申し上げます。無効どころではない、極めて危険であると思います。

❖「国体」に関わる問題に口を挟む、国連の異常性

この問題に関連して、自民党の二階俊博幹事長が「女性天皇を認めるべきだ」と発言しました。その根拠は「男女平等」ということだそうです。これはどういうことでしょう。

国連の女子差別撤廃委員会で、皇位継承の見直しを勧告されそうになったことがあります（2016年3月）。そのときは日本政府が抗議して、最終の勧告から取り下げられましたが、どうもそのことを受けての発言だったのではないかと勘ぐりたくなります。

それは、過去にも同じようなことがあったからです。

2003年の女子差別撤廃委員会で皇位継承問題が取り上げられました。小泉純一郎

内閣のときでした。有識者会議が行われて、女性天皇を認める寸前までいきました。「第一子が継承する」ということでした。それでほとんど決まりかけていたのですが、皇族男子の悠仁親王《ひさひとしんのう》がお生まれになったということで、いつのまにか立ち消えになりました。

今回のことは、単に天皇陛下のご公務が大変なのでこの譲位問題が出てきたのではないということがこれでおわかりいただけたかと思います。つまり、私たちは決して平和な国に住んでいるわけではないのです。日本の秩序（国体）に対する攻撃というのは、じつは常に行われているのです。

こういったわが国の国体の神髄に関わる問題については、国連が云々する問題ではありません。なぜ国連がそういうことをやるのかというと、日本人のなかに知恵をつけている人がいるからです。

もちろん日本人だけではありません。関係している国があるわけです。それはもうわかっています。ニューヨークタイムズまでそう言っているのです。女性天皇を認めるべきだという趣旨の記事をニューヨークタイムズは配信しています。隣の大国もそういうことをコソコソ言っています。

それがなぜ危険かということはおわかりですね。女性天皇は過去におられました。しかしそれは、あくまで中継ぎというか、そういう特別な事態のときに天皇の位に就かれただけでありました。重要なことは、独身であったか、あるいは未亡人であったかということなのです。

もし、女性天皇が皇族以外の男性と結婚し、生まれた第一子を天皇と認めると、まったく天皇家と関係ない男系の血筋から伝統に反した天皇が現われることになるわけです。それによって二千何百年、あるいは三千年続いてきたひとつの伝統、血統というものが変わっていくことになります。

これはとてもむずかしい問題でもあるのですが、少なくとも『古事記』が伝えていることを私たちが虚心坦懐に読めば、わが国の伝統として何が伝えられてきたかということがわかるのです。

天孫降臨《てんそんこうりん》の記述にあるのですが、邇邇芸命《ににぎのみこと》は高天原から妻となる方、奥様を連れてこられませんでした。つまり後の皇后となる方は、地上の神の娘であった、地上の神の娘を娶《めと》られたということです。そのパターンがずっと続いています。これがわが国の伝統なのです。

生物学的な問題ももちろんありますが、それ以上に伝統というもので勝負すべきです。理屈ではありません。男女平等というような、正しいかどうかもわからないような、そういう理屈によって対応すべき問題ではないのです。

伝統というものは、やはり意味があるから伝統として続いています。それを理性の力で変更するということは、間違っているのです。そのようなわが国の伝統に対する理解というものに私たちはあらためて気づくべきだと思います。

この問題はまだまだ後を引く可能性があります。私が心配しているのは「有識者会議」です。小泉内閣のときの有識者会議は問題でしたね。初めから結論ありきでした。メンバーを見ればもう結論が見えるのです。

しかも有識者会議の問題点は、私的な懇談会に過ぎないということです。法律の根拠はどこにもありません。だからそういう公的な資格のない有識者が勝手にそういうことを決めていいのかということです。

❖蓮舫民進党代表の「二重国籍問題」

次に、蓮舫《れんほう》民進党代表の「二重国籍問題」についてです。ついにこの問題が明らかになりました。私は、これは遅きに失した感があると思います。こういう問題はもっと早く取りあげられなければならない問題でした。これは単に彼女の二重国籍問題というだけではなく、帰化した人の政治活動の問題でもあるわけです。

私は、蓮舫議員がいつ台湾国籍を放棄したのかということに関心がないわけではありませんが、本質はそこにあるのではないのです。「二重国籍でも国会議員になれる」ということが問題なのです。ここは選挙法の盲点でもあります。

もうひとつ大きな盲点は何かというと、「二重国籍者であっても、あるいは帰化一世であっても首相になれる」ということです。私はこれについては法律を改正しなければならないと思います。「日本国籍を途中で取得した者は首相にはなれない」とはっきりと法律で規定すべきです。そうでないと、日本の首相が外国に乗っ取られることになりかねません。

アメリカの大統領は帰化一世はなれません。これはアメリカ憲法が規定していることです。私は、「なぜ日本では帰化一世が首相になれるのか」ということについて、国民的議論をやるべきだと思います。

帰化と国籍取得は違うなどという議論をする人がいますが、これはある意味で重要なことなのです。国籍をとったらいいだろうという話ではありません。国籍をとっても新しい国ではなく、元の国に忠誠を誓うという人がいるかもしれません。むしろそういう人がいるというのが世界の現実です。だから帰化と国籍取得は違うといえば違うのです。

わが国の歴史を見てみると、帰化人（渡来人とも言いましたが）がたくさんおりました。

でもそれらの皆さんは帰化して日本人になられたのです。頭の先から爪の先まで日本人になられたわけです。しかし、今、日本国籍を取っている人が本当に頭の先から爪の先まで日本人になっているでしょうか。

こういう問題がある以上、日本国籍を途中で取ったその人（帰化一世）は首相にはなれないというのは、当然のことだと思います。こういう議論をするとすぐに「それは差別だ！」と言う人がいますが、差別ではありません。私たちが日本のことを本当に大切に思うかどうかということです。それは日本が気に入って、日本国籍を取った方々に対する、いわば尊敬の念でもあるわけです。

今回たまたま蓮舫議員の二重国籍が問題になったのを契機として、このことは真剣に議論されるべきだと思います。先ほどの皇位継承の問題もそうですが、気がついたら日本が乗っ取られていたということにならないとも限らないのです。危機というものはそういうふうにして近づいてきます。

残念ながら、世界は性善説では動いておりません。個々の人間観と、国家としての世界観は区別して考えなければならないのです。私たちは日本国家の、国民の利益を最優先に考えて政治家も、そして国民も対応していかなければならないのです。

❖二重国籍に対する反応の鈍さ

蓮舫議員の二重国籍問題に関連する気になるニュースがいろいろ流れましたが、結局、蓮舫議員は台湾籍が残っていたということが公表されました。意外だったのはこの二重国籍問題に対する各政党、あるいは知識人の反応が鈍いことです。何が問題なのかがわかっていないような発言も少なからずありました。逆に言えば、これが今の日本を象徴しています。つまり、「主権意識」が希薄なのです。

彼女の属する民進党は「立憲主義は大切だ」などと言っていますが、彼らの言う立憲主義とはどういうものなのでしょうか。言っている民進党自身がわかっていないのかもしれません。

日本の国籍だけではなく、他国の国籍も同時に持った人が、国会議員を続けている。そして、将来ひょっとしたら首相にもなるかもしれないというとんでもない話なのです。そういうことに対して危機意識を持たないというのが不思議です。

今回の騒動を見ていて、やはり日本の「主権意識」というのはここまで劣化したのかとあらためて感じました。皆さんもぜひ政治家や知識人のこの問題に対するコメントをチェックしていただきたいと思います。「たいしたことではないですよ」「いいじゃないですか」とか言っているような政治家は、残念ながら失格です。

これに関連して、日本維新の会が、公職選挙法の改正案を提出するということを公にしています。これは当然です。

私は外務省の出身ですが、二重国籍を明確に禁止しているのは「外務公務員法」だけなのです。外務公務員には日本国籍を持っていないとなれないのは当然ですが、日本国籍者に限定されています。かつては婦人、配偶者に対しても日本国籍要件がついていました。それはさすがに国際結婚が増えてきた現状に照らし好ましくないということで、配偶者については日本国籍でなくてもいいことになりました。ですが今でも、外交官、外務省の職員そのものは日本国籍のみの保有者でなければならないのです。

しかし、ご承知のように公職選挙法では二重国籍を明確には否定していません。これは今の憲法と矛盾しています。憲法では、「外交は内閣に属する」と謳われているのですから。

内閣総理大臣が外交のトップです。外交の実務にあたる外務公務員法は二重国籍を禁止しているわけですから、当然内閣総理大臣も二重国籍であっては困るわけです。内閣総理大臣について二重国籍を禁止しないことには、この日本の国内における法律の整合性というものがとれません。だから立憲主義などと立派なことを言っている政党が、そういうことに無関心なんていうことは、そもそも立憲主義ではないということなのです。

日本維新の会が公職選挙法を改正して二重国籍を禁止しようと言っています。それは結構ですが、せっかくおやりになるのだったら、それだけでは不十分だと思います。

私の持論でもありますが、首相は移民一世ではなれないということも同時にやるべきだと思います。前述の通り、アメリカ大統領は移民一世ではなれません。そういう当たり前のことが当たり前でないようになっている。問題意識すら持っていない日本の現状に、私はあらためて危機感を感じます。

選挙公報には、いつ何日、どこどこから日本に帰化した、あるいは日本国籍を取得したということを明確に書くべきです。これは選挙民に対する最低のルールだと思います。

国会議員になろうという人が自らの出自を隠してはならない。こういう言い方は厳しいかもしれませんが、経歴詐称《さしょう》にあたると思います。嘘の経歴を書くことはもちろん経歴詐称ですが、本来の経歴を隠すということも経歴詐称の一種ですから。

日本再発見 その十四

【国体Ⅴ】

タイ国王が国民に呼びかけた「足るを知る」の意味

❖タイの不景気とエリート階級の反応

タイ国王のラーマ9世（プミポン国王）が、先般（2016年10月13日）亡くなられました。タイ国民にとりましては非常に大きな問題だと思いますが、私の関心は、タイの国王がタイの政治社会のなかでどのような役割を果たしてこられたのかということにあります。

また、タイが今悩んでいる問題は、ある意味で世界共通の問題でもあるという視点から、お話ししてみたいと思います。

私がタイに勤務していたのは、1997年から2000年までの2年半です。当時はどういう時代であったかというと、1997年の7月にタイのバーツ危機（金融危機）が起こりました。ヘッジファンドが突如タイの通貨であるバーツを売り浴びせ、逃げたわけです。それでタイは一夜にして外貨不足に陥り、経済成長が突然ストップするということになりました。

私は、まさにその騒乱の渦中でバンコクに赴任しました。バンコクの街では、それまで活発に行われていたビル建設が一斉に中止となりました。水たまりにはボウフラが湧き、建設途中のビルがそのままになっているという状況でした。

問題はそのときに、タイの国民がどう反応したかということです。タイには当時、外資がどんどん入ってきていましたから、人々は経済的な繁栄を謳歌していたのです。

ところが、外資というのは儲けるために投入されているわけですから引くべきタイミングがくるとさっさと引いていきます。まさに、突然引いたのです。するとバーツの価値が一気に50％以上下がりました。そして、一夜にしてタイ全体が不景気になったのです。一夜にして大量の失業者が生まれたわけです。

それまで、右肩上がりを信じ、ローンで車を買ったり、家を建てたりしていた人たちが、一夜にして返すあてのない多大な借金を抱えることになってしまいました。

そのとき、タイの人々の間で、「なぜこういうことになったのか？」「タイはこれからどうすればいいのか？」いう議論が行われました。

私も、様々な政治家や経済界の人たちからそういう話を聞きましたが、特徴的であったのは、タイのエリートたちには、一般の貧しい人に対する同情心というのがまったくなかったことです。他人事のような反応が返ってきました。それどころかまるで「貧しい人のほうが悪いんだ」と言わんばかりの対応だったのです。

非常に残念でした。私たちの常識からはとても窺いしれない反応だったのです。それは一部だけでなくて、多くの富豪、エリート階層の人が持っている感情でした。それで、あらためて「タイの社会というのは階級社会だ」と感じたのです。

❖「欧米流近代化」と「自国の伝統文化」の両立に成功した日本

それはともかく、日本はタイに対して様々な経済協力をやっていました。私も援助金や援助物資がどのように有効に使われているかを調べるために、様々な地方に視察に行きました。そこで関係者が異口同音に質問してきたのは次のような話でした。

「近代化が必要なのはわかる。しかし、このまま近代化、近代工業化を進めていくと、タイの地域社会というものが崩壊していく。自分たちが昔から慣れ親しんだ、仏教の教えに基づく地域社会、地域共同体、それが崩れてしまう。自分たちの伝統文化は失いたくない。けれど、近代工業化の恩恵にはあずかりたい。私たちはどうしたらいいのだろう……?」

日本は、100年以上も前に、欧米近代化と日本の伝統文化の両立に成功して今日の繁栄を築きました。だからタイの人たちは、その「両立の秘訣」を日本に学びたい——、と言っていたのです。

私はまさに、これはタイだけではなくて、すべての新興国（ある意味でロシアも中国もそうなのですが）が直面している問題だと思うのです。今の言葉を使えば、「グローバル市場化」と言ってもいいのですが、グローバル市場化とそれぞれの国の伝統的な生き方をどう両立させるかということです。この２つは必ず衝突します。それをどのようにして両立させて安定的な社会発展に繋げていくかというのが今、欧米と日本を除く多くの国が悩んでいる問題なのです。

私は岡山市にある吉備国際大学の外国語学部で日本近代史を教えていますが、この外国語学部のコンセプトは、世界で活躍できるグローバルな人材を育てるということです。そしてグローバルな人材になる前提として、まず1年生のときには日本について徹底的に勉強する。そういうカリキュラムを組んでいます。

その一環として私も日本近代史を担当しています。私はもともと学者ではありませんが、ご承知のように日本の近代史というのは歪められて教えられているわけです。残念ながら教科書がそうですし、大学でも同じラインの授業が行われています。そういう誤った近代史を学んだ人が社会にどんどん放出されているのです。

そこでここの学生には、他では教えることのない本当の近代史を教えています。その近代史のテーマが今回お話ししていることなのです。

つまり、日本はどのようにして文明開化と日本の伝統文化を結びつけて発展していったのか。それについて講義をし、学生たちに考えさせようとしているわけです。

残念ながら授業ではなかなか思ったような反応が返ってこないのですが、これは学生だけの問題ではありません。私たちも一般の人たちもそういう問題意識を持っていません。私たちはなんとなく日本の繁栄というものを享受していますが、なぜこの繁栄を享受できるのかをじっくり考えてみる必要があろうかと思うのです。

逆に言えば、世界が日本に対して一番知りたいのはまさにこの点なのです。日本は欧米から遅れて近代化したことになっていますが、それはちょっと違います。日本の場合は、違った国のあり方を追求して来たので必ずしも欧米に追い着く必要はなかったのです。

少なくとも黒船が来たときには、日本はいわゆる近代科学技術文明には「遅れていた」というのは事実として認めざるをえないでしょう。そこでもし「これは欧米には敵《かな》わない」と日本人が考えたら、日本はアメリカ、イギリス、あるいはフランスのいずれかの国の植民地になっていたかもしれません。

しかし、当時の日本は近代科学文明からは遅れていましたが、それまで連綿と続いてきた古来から続く文明を持っていたのです。それがあったがゆえに日本は植民地化されませんでした。むしろ後には彼らを凌ぐような経済発展を遂げたのです。

結局、現代日本がこのようにして、平和な国家として存在できている、その源を探れば古代までさかのぼることになるのですが、さしあたって明治の日本がどのようにしてこの欧米近代化に対して、自分たちの伝統文化を守ってきたかということを考えてみましょう。

決して日本は欧米近代文明を拒否したわけではありません。それどころか、貪欲に吸収してきました。しかし、欧米近代文明が単に優れているからということで、それをそのまま受け入れたわけではないのです。日本の伝統文化（国体）に合うようにつくり変えて受け入れてきたのです。

私は大学の講義では、参考文献として芥川龍之介の『神神の微笑』という短編小説を教材に使っています。これは大正時代に書かれた本ですが、日本の文化についての、最も優れた指摘のひとつだろうと思っています。

この短編で芥川は、日本人がどのようにして異文化を取り込みアレンジしていったか――、日本人の柔軟さと強さを見事に描いています。新潮文庫の『奉教人の死』のなかに載っていますので、ぜひお読みいただきたいと思います。

ともかく、私たちが日本の文化の真髄について理解することがなによりも国民の精神武装になるというふうに私は強く信じています。

❖「足るを知る」生活に戻ろう

話をタイに戻しましょう。

タイの国内がバーツ危機で混乱したとき、タイのプミポン国王が国民にメッセージを発せられたのです。そのメッセージに、私は非常に感心させられました。

国王はこう国民に訴えられました。「原点を忘れてはいないだろうか」と。つまり、「タイは農業で発展してきた。だからタイは豊かな国なんだ。ところがその足下を忘れて欧米の近代化の利点だけ、過剰消費だけを受け入れてしまったがために、1997年からの混乱を招いたのであろう。だから私たちは、その『足るを知る』生活というものに戻る必要があるのではないか」――、プミポン国王はそういうことを強調されたのです。

タイの豊かさの根源であるタイの農業、特に稲作ですが、それをもう一度見直す必要がある、そういうことを順々と諭されたのです。

私たちは、なかなか「足るを知る」生活というのはできません。しかし、「足るを知る」生活を忘れると、極端に走ってしまう危険があるのです。

プミポン国王は敬虔《けいけん》な仏教徒であり、タイの国民は、9割5分ぐらいは仏教徒です。一部イスラム教徒がいますが、ほとんどは仏教徒です。そういう人たちにこのプミポン国王の言葉は響いたと思います。

国王は、〝中道〟の生活の重要性をおっしゃったのです。「足るを知る」生活です。これは仏教の教えの基本です。両極端を避ける。過剰な消費生活、大量消費文化でなく、また逆にストイックな生活でもない生き方です。

今の言い方で言えば、グローバリズムと伝統文化の中道の生活をするということです。その両方を日々の生活態度にどう結びつけていけばよいかを考えよう、そういう指摘であったと思います。

これはまさに世界が直面している問題です。そういう意味で私は、プミポン国王が亡くなられたことは非常に残念に思います。「中道の生活をする」「足るを知る生活をする」ということはむずかしいかもしれません。この世の中は、あまりにも物質的な欲望が多すぎますからね。

しかし、私たちは日々の生活のなかで、少しでも中道というものを振り返ってみる時間が必要であろうと思います。一日のうちの数分でもいいから、そういう「足るを知る」生活というものに思いを馳せてみるということが必要になってきているのではないでしょうか。

そういう日々のささやかな努力の積み重ねが、やがて大きくわが国を動かしていくことになるだろうと私は思っています。

日本再発見 その十五

真珠湾攻撃を「歴史的な視点」から振り返る

【国体Ⅵ】

❖アメリカの原爆投下と日本の真珠湾攻撃はまったく意味が違う

今から75年前、日本の海軍機動部隊が真珠湾を攻撃しました（日本時間1941年12月8日未明）。ここにいわゆる日米戦争が始まったわけですが、最後に、真珠湾攻撃の歴史的意味を考えてみましょう。

安倍総理が2016年12月26日に、ハワイを訪問してオバマ大統領と共に真珠湾のアリゾナ記念館に慰霊されました。

これは非常に大きなニュースで、安倍総理としては「日米の和解」というものの締めくくりの意図を持った訪問だと思います。もちろんこれは日米の政治的な和解という意味では、非常に意味のある訪問でした。だから、日米の和解の象徴としての真珠湾訪問ということで私たちは理解をすべきであって、これはオバマ大統領の広島訪問の答礼ではないのです。

安倍総理自身も強調しておられますが、私たちも日米の政治的和解は歓迎しつつも、また原爆投下という問題と真珠湾攻撃とは、まったく次元の違う問題であるということは認識しておかなければならないと思います。

別にこういう認識をすることは、安倍総理の真珠湾訪問にケチをつけるわけでもなんでもありません。むしろ国民としてはその訪問を応援するわけですが、それと同時に原爆投下の持つ国際法上の意味と真珠湾攻撃とは別の次元の話だということをあらためて認識する必要があるのです。

アメリカの原爆投下、そして東京も含めた大都市空襲、これらは無差別殺戮ですから、明らかに戦時国際法違反です。

真珠湾攻撃は宣戦布告が日本側のもたつきで遅れたということはあっても、これは日本の軍隊がアメリカの軍事基地を攻撃したということであって、その限りにおいては国際法違反ではありません。

こういうことを十分に認識したうえで、アメリカとの和解を進めるという、そういう広い度量が必要なんだろうと思います。

残念ながら、多くのアメリカ人はそうは考えていません。日本がそもそも真珠湾を攻撃したから原爆投下に至ったという単純な思考が少なからず見られるのですが、そういうことにいちいち腹を立てるということでなく、私たちが精神性の高い、道義性の高い反応を示すということが必要だと思います。

政治的和解をするだけでもこれだけ時間がかかるということですから、精神的に本当に理解し合えるにはまだまだこれの何倍もの時間がかかるかもしれません。

しかし、理解し合うのは大変だから諦めるというのではなく、私たち自身がまず、私たちの歴史、私たちの伝統的な精神というものに対してもう一度心を向けるという、その一歩から始めることがすべての始まりの元になるでしょう。

それと同時にもうひとつ私たちが考えなければならないのは、戦争というものはどういうものなのかということです。

❖戦争の悲惨さを語るだけでは戦争を理解できない

多くの方は「戦争」というと、現行憲法の「憲法九条」を思い浮かべると思います。それからいわゆる「反戦」、そして「平和主義」という言葉が三位一体《さんみいったい》となって出てくるのではないでしょうか。

でも、これは戦争というものを正面から考えることにはならないわけです。結局、私たちの歴史認識の問題にも関わることになるのですが、「戦争とは何か」ということに私たちは（世界もそうですが）きちんと向き合ってこなかったということではないかと思います。

しかし、私たちはそろそろ戦争とは何なのかということに真剣に向き合わなければならないのです。

戦争は悲惨だ、というのはその通りです。テレビや新聞では、戦争は悲惨だということは教えてくれます。それは別に間違ってはおりません。しかし、それは戦争の、あるいは戦場の一側面を言っているに過ぎないのであって、戦争全体について説明しているわけではないのです。

先の大戦について言えば、もちろんその戦場で厳しい経験をされた方々のお話に私たちは十分に聞く耳を持たなければならないのですが、そういう方々が「戦争は悲惨だ」と言うことと、あの大東亜戦争の大義とは別なのです。

この区別をすることによって、私たちは精神的にも成長したということになるのだと思うのです。

つまり、あの真珠湾攻撃に始まる大東亜戦争には、日本に大義が、正義がありました。そして、現実の戦場においては悲惨な状況が見られたのもこれまた事実です。

だから、どちらかを強調すると、やはり戦争全体を見るということにはならないのです。そのバランスと言いますか、双方の側面があるというところから議論を始めなければなりません。

ところが、残念ながら戦後の日本はそういう共通の議論の出発点がないわけです。

一方は、反戦、平和、戦争は悲惨、あるいは日教組が常に言っているような「教え子を戦場に送らない」というものです。

そしてもう一方は、日本にも大義があった、だから日本だけが責められる話ではないという主張があります。

この2つは噛み合うことはありません。一方は戦争の悲惨さを言っているだけであり、一方は戦争の大義だけを言っているわけですから。

しかし、戦争というのは総合的なものであると思うのです。ですから、両方の側面から見てみる、あらためて戦争とは何かということを考えなければならないでしょう。

❖「共産化しようという勢力」と「共産化を阻もうとする勢力」

現在、多くの資料が明らかになり、日本はアメリカを侵略したわけではなく、むしろアメリカが日本を侵略した――ということが次第に明らかになってきています。

フランクリン・ルーズベルト大統領にはもちろん責任があるわけですが、ルーズベルトの側近たちのほとんどは社会主義者（「共産主義者」「国際主義者」と言ってもいいのですが）でした。そういう人たちがルーズベルトを動かして日本に戦争を仕掛けてきたのです。

大東亜戦争だけでなくて第二次世界大戦も含めて総括するということは、結局、社会主義、共産主義とは何であったかということを総括することになるわけです。ところが、戦後、メディア、あるいは言論界を支配した人たちの多くは共産主義者でした。共産主義者であったからこそ、その総括ができなかったのです。

「なぜアメリカはスターリンと組んだのか」ということが説明できません。アメリカもいくら説明しようとしても説明できません。当たり前ですね。アメリカは、表向きは先の戦争は「民主主義」対「全体主義」の戦争だと言っていたのですから。

しかし、そのこと自体が矛盾しています。アメリカは結局、全体主義国スターリンのソ連と手を結んだわけですから。そして、彼らは、ナチズムのドイツ、ファシズムのイタリア、軍国主義の日本を倒したと言っているのです。

しかしあの戦争は、民主主義勢力が全体主義勢力を倒した、あるいは全体主義勢力と戦った戦争ではありません。単純な国と国との領土争いでも、「民主主義」対「全体主義」というイデオロギーの戦いでもありません。世界を「共産化しようという勢力」と「共産化を阻もうとする勢力」との戦いだったのです。

戦争というものに正面から向き合わないと、こういう発想は出てきません。しかも、戦後は、そういう発想をすることに蓋《ふた》が閉められていたのです。その蓋を開けようとするものは「歴史修正主義者」として批判されてきました。戦後だけでなく、今も批判され続けています。

ところが、何度も言うように、アメリカの大統領選挙でトランプ候補が勝利したことによって、今までのアメリカ的な正統派歴史観が崩れつつあります。そういうことも含めて、いよいよ世界は良い方向にいく可能性が開けたと私は思っています。

しかし、当然ながら歴史の自称正統派からの反発が予想されます。そういう意味からすれば、２０１７年という年は、今まで以上に「(正統派）歴史認識者」と「歴史修正主義者」との最終的な戦いが行われることになるだろうと思います。

❖「ポリティカル・コレクトネス」を捨てよ

アメリカのメディアも日本のメディアも、その間違ったアメリカの外交を応援してきました。これを「国際主義外交」と言います。

日本でも、いまだに「国際主義の価値は重要だ」などと言っている保守系の人がいるわけですが、今、国際主義が否定されつつあります。しかし、それにまだメディアは気づいていません。

例えば、保守系と称される読売新聞の記事に、「中東にトランプ懸念」という記事が出ていました。「民衆蜂起『アラブの春』で長期政権を倒した」「民主化の動きが後退するとの観測が広がっている」。続けて、「『米国第一主義』を掲げるトランプ氏が、民主化よりテロ対策を優先する可能性が高いためで、これを機にロシアが中東で影響力を増す兆しも出始めている」とあります。

前述したように、「アラブの春」は民主化運動ではありません。まともな世俗政権を倒して混乱させたのが「アラブの春」ですから。どこから考えてもこれは民主化運動とは言えません。

そういうふうに「アラブの春」は民主化運動だと報道することがポリティカル・コレクトネスなのです。しかし、そのポリティカル・コレクトネスの欺瞞がトランプ当選によって暴かれたのです。暴かれたというか、アメリカ国民はもうポリティカル・コレクトネスにはうんざりしているということです。

そういう政治的公平性とか妥当性とかの「建前の世界」、あるいは「言葉狩りの世界」にはもう飽き飽きしているわけです。それが明らかになったのに、いまだにこういうポリティカル・コレクトネスを報道している日本の新聞はいったい何を考えているのでしょうか。

保守系と称される読売新聞を例に出しましたが、もちろん、もうひとつの保守系新聞である産経新聞も同じことを言っています。その他の新聞は言うまでもありません。どの新聞も、ポリティカル・コレクトネスの報道をいまだに続けているのです。


さて、今後のトランプ外交の方向性がかなり見えてきました。

これからアメリカはイギリスとの関係を強化していきます。イギリスもそのつもりです。イギリスはなんやかんや言ってもEUから脱退するわけですから、おそらく、これから旧英連邦諸国との関係を強化していきます。それらの国のほとんどは海洋国家です。これから海洋国家同盟が復活するということです。

アメリカ、イギリス、それからオーストラリアも、日本も入ります。これは、今までとは違った意味での日本の安全保障に貢献する構図になっていくのだろうと私は思います。

ここにおそらくインドも入ることになるでしょう。インドは半分海洋国家で半分大陸国家ですが、なにせあの「問題のインド洋」を押さえる場所ですから。中東の石油を運ぶシーレーンを押さえるところにあるのがインドなのです。

そういうことを考えますと、アメリカ、イギリス、オーストラリア、インド、そして日本などが手を組めばどうなるかということです。そういう方向にどうもトランプ大統領は行くのではないかということがかなり見えてまいりました。

具体的には、トランプ大統領の人事にそれは現れてきています。実際に、国防長官にジェームズ・マティスという元中央軍司令官（軍人）を起用しました。国務長官にはプーチン大統領とも親しいエクソン・モービル元ＣＥＯのレックス・ティラーソンが起用されました。

アメリカの国務長官というのは、ずっと歴代、国際主義者でした。ところが、ティラーソン氏は国際的なビジネスマンではありますが、ロシアを敵視するネオコンとは違い「ロシアの戦略的価値」を十分認識している人物です。トランプ大統領の「対露和解政策」を推進するうえで、理想的な人事と言えます。

また、国防長官に制服組出身者が就任したことは、国防総省のナショナリズム的性格を一層高めることになるでしょう。

このように、アメリカの対外戦略を担う国務長官と国防長官に〝ナショナリスト〟（アメリカの国益を第一に考える人々）が就任したことで、これまでのグローバル企業の利益を優先する「国際主義対外戦略」が大きく修正されることになるでしょう。

そのようなアメリカの対外戦略の修正を踏まえ、わが国の外交も大きな転換点を迎えたと言えるのです。

あとがき　～メディアの「洗脳」を見破れ

国民とメディアの決定的な乖離

「グローバリズム」への反発が世界で広がっています。

しかし、「反グローバリズム」を唱えるトランプ氏がなぜアメリカ国民の支持を集めたのかについて、残念ながら正確な分析がなされていません。そのわけは、グローバリズムを推進してきたメディアや知識人が、彼ら自身の敗北をどうしても認めることができないからです。じつは、彼らこそグローバリズムを支える「ポリティカル・コレクトネス」で国民を洗脳してきた張本人なのです。

ポリティカル・コレクトネスとは本書でも縷々《るる》触れてきましたが、誰も反対できない「公平性」という口実による「少数者優遇主義」のことであり、この「多数者に対する差別主義」に疑問を呈する言動を抑圧してきた「言葉狩り」であったのです。このような〝きれいごと〟が横行する建前社会に嫌悪感を抱いた人々が、トランプを支持したわけなのです。アメリカ国民のこの選択は不可逆的なものです。

メディアや知識人たちはこの傾向を逆転させようと躍起になってトランプ批判を続けていますが、結局は成功しないでしょう。なぜなら、一旦メディアや知識人の欺瞞が白日の下に晒《さら》された以上、もう国民は騙されないからです。

今後とも、トランプ大統領に対するメディアなど旧勢力からの反撃は散発的には続くこととなるでしょうが、トランプの「アメリカ・ファースト政策」の果実を国民が得るようになれば、もう多数のアメリカ国民はメディアにはついてこなくなるでしょう。

醜い大衆迎合主義、陳腐な劇場型政治

他方、わが国では相変わらずメディアや野党がポリティカル・コレクトネスを振りかざして、政府を追及し、国民を洗脳しています。例えば、国会審議を賑わしている森友学園問題や都議会で攻防が繰り広げられている豊洲市場移転問題です。

森友学園問題の争点は唯一点「森友学園への国有地売却価格が適切であったかどうか」です。「評価額から8億円の値引き」という言葉ばかりがひとり歩きしていますが、そもそも「値引き」という言葉が印象操作です。価格が適切ならば、値引きということはありえないからです。

ですから、メディアや野党は最初から政治的介入による不当な値引きがあったとの前提で対応しています。事実が確認されていないのに、このような値引きはいけないというポリティカル・コレクトネスの手法を悪用しているのです。

評価額より低い額で売却されたのは、当該土地にコンクリートやアスベストなどの汚染物質が含まれていたからです。したがって、本来は売り主である国がそれら汚染物質を撤去して売却するべきところを、国の撤去作業を待っていては小学校の開設が間に合わないので、森友学園側が撤去作業を行うことにして、その費用を差し引いて売却したとされているのです。

問題は撤去費用の8億円が適切であったか否かをまず検証すべきであり、もし適切でなかった（撤去費用はもっと安い）という結論が出れば、そこで初めてなぜ安く売却されたのか、政治家の介入などがあったのかという問題が出て来るわけなのです。

ところが国会質疑やメディア報道では、森友学園への売却価格が適切であるか否かではなく、政治家といわゆる愛国的教育を行っている籠池理事長夫妻との交友関係が焦点になっており、いつどこで誰が籠池氏と会った、どんなやり取りをしたなどといった周辺の問題を取り上げて、無駄な議論に終始しているわけです。

これこそ、「愛国教育は好ましくない」というポリティカル・コレクトネスを盾にして、他人のプライバシーを興味本位に覗き見る醜い大衆迎合主義であり、劇場型政治の典型と言えるでしょう。

同じように、築地市場から豊洲市場への移転問題もポリティカル・コレクトネスの見世物政治です。小池百合子都知事のやるべきことは、豊洲市場が科学的にみて安全かどうかの再検証でしょう。再検証の結果、安全ではないとの結論が出れば、どう安全対策をとるかと同時に、なぜ安全でないのに移転が決定されたのか、その責任は誰にあるのかを追及するという手順であるべきです。

しかし、「都政大改革」という自らの政治的スローガンを実践しているとの姿勢を都民に示すために、安全問題の結論を先延ばしにして、移転決定のプロセスの詳細ばかりを暴くことは、豊洲市場問題の解決に資さないばかりか、関係者を徒《いたず》らに晒しものにするという倫理的にも嘆かわしい結果になっているのです。

残念ながら、小池都知事の手法も大衆迎合主義なのです。森友学園問題も豊洲市場問題も、いずれ国民（都民）に飽きられることは明らかでしょう。

以上に見てきたように、これまでアメリカで起こってきたポリティカル・コレクトネスによる社会の閉塞状態が、わが国にも齎《もたら》されているのです。

不毛な言葉狩りの弊害を除去するためには、何よりも国民が「メディアによる洗脳」を見破る必要があります。本書がそのための一助になるならば、望外の幸せです。

平成二九年三月吉日

馬渕睦夫

＊

追記

本書は昨年（平成28年）9月に発売された『和の国・日本の民主主義』（ＫＫベストセラーズ）の続編で、ＤＨＣシアター番組「和の国の明日を造る」（平成28年7月～12月放送分）で筆者が話した内容をその後の情勢を踏まえ加筆訂正したものです。

今回も出版を励ましていただいたＤＨＣシアターの濱田麻記子社長、および編集に携わっていただいたＫＫベストセラーズの武江浩企氏に深く感謝いたします。

◎著者略歴

馬渕睦夫（まぶち・むつお）

元駐ウクライナ兼モルドバ大使、元防衛大学校教授、現吉備国際大学客員教授。1946年京都府生まれ。京都大学法学部3年在学中に外務公務員採用上級試験に合格し、1968年外務省入省。1971年研修先のイギリス・ケンブリッジ大学経済学部卒業。2000年駐キューバ大使、2005年駐ウクライナ兼モルドバ大使を経て、2008年11月外務省退官。同年防衛大学校教授に就任し、2011年3月定年退職。2014年4月より現職。

著書に、『2017年 世界最終戦争の正体』（宝島社）、『アメリカ大統領を操る黒幕:トランプ失脚の条件』（小学館）、『アメリカの社会主義者が日米戦争を仕組んだ』『和の国・日本の民主主義「日本再発見」講座』（小社）などがある。

グローバリズムの終焉《しゅうえん》 「日本再発見《にほんさいはっけん》」講座《こうざ》Ⅱ

2017年4月30日　初版第1刷発行

著　者　馬渕睦夫《まぶちむつお》
発行者　栗原武夫
発行所　KKベストセラーズ
〒170-8457
東京都豊島区南大塚2-29-7
電話 03-5976-9121
http://www.kk-bestsellers.com/

印刷所　近代美術株式会社
製本所　株式会社フォーネット社
ＤＴＰ　株式会社三協美術
装　幀　フロッグキングスタジオ
編集協力　株式会社DHCテレビジョン（旧：株式会社DHCシアター）

定価はカバーに表示してあります。
乱丁、落丁本がございましたら、お取り替えいたします。

ISBN 978-4-584-13795-6 C0095